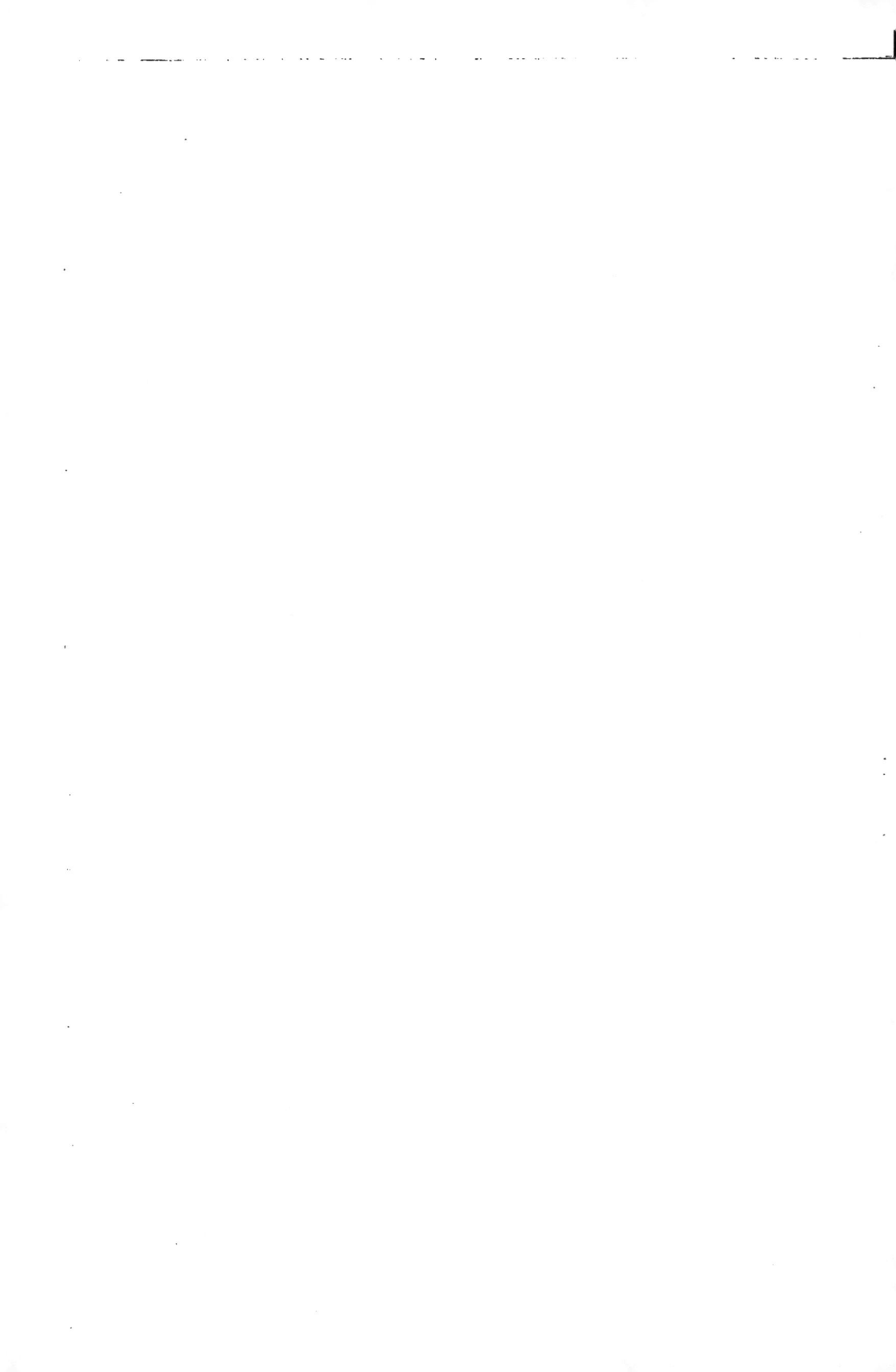

UNIVERSITÉ DE PARIS. — FACULTÉ DE DROIT

DES RÉFORMES LÉGISLATIVES
OPÉRÉES PAR VOIE BUDGÉTAIRE

THÈSE POUR LE DOCTORAT

Présentée et soutenue le Vendredi 5 Mai 1911, à 3 heures

PAR

PIERRE BEAUMONT

Président : M. JACQUELIN

Suffragants { MM. BERTHÉLEMY, *professeur*
JÈZE, *agrégé*

PARIS
LIBRAIRIE NOUVELLE DE DROIT ET DE JURISPRUDENCE
ARTHUR ROUSSEAU
ÉDITEUR
14, RUE SOUFFLOT ET RUE TOULLIER, 13

1911

THÈSE

POUR LE DOCTORAT

UNIVERSITÉ DE PARIS. — FACULTÉ DE DROIT

DES RÉFORMES LÉGISLATIVES
OPÉRÉES PAR VOIE BUDGÉTAIRE

THÈSE POUR LE DOCTORAT

Présentée et soutenue le Vendredi 5 Mai 1911, à 3 heures

PAR

Pierre BEAUMONT

Président : M. JACQUELIN
Suffragants { MM. BERTHÉLEMY, *professeur*
JÈZE, *agrégé*

PARIS
LIBRAIRIE NOUVELLE DE DROIT ET DE JURISPRUDENCE
ARTHUR ROUSSEAU
ÉDITEUR
14, RUE SOUFFLOT ET RUE TOULLIER, 13

—

1911

DES RÉFORMES LÉGISLATIVES

OPÉRÉES PAR

VOIE BUDGÉTAIRE

INTRODUCTION

On sait que le principe de la séparation des pouvoirs, véritable dogme politique dans les pays qui ont adopté le régime représentatif, est loin d'être absolu : non seulement les différentes autorités qui partagent entre elles les attributs de la souveraineté nationale se pénètrent et se contrôlent les unes les autres ; mais il est encore malaisé parfois de désigner à coup sûr, théoriquement au moins, le titulaire légitime de telle fonction déterminée. C'est ainsi que le droit de statuer sur le Budget de la nation, d'établir les impôts et de fixer les dépenses ne saurait être considéré comme l'apanage incontestable soit du pouvoir législatif, soit du pouvoir exécutif. Sous l'ancien régime, le droit de légiférer appartenait exclusivement au roi, et cependant « le principe constitutionnel de la monarchie française est que les impositions soient consenties par ceux qui doivent les sup-

porter (1) », c'est-à-dire par la nation elle-même ou par
ses représentants, — qui précisément n'ont aucune
compétence législative. Pufendorf distinguait du pouvoir législatif le droit d'établir et de lever des impôts (2).
Montesquieu, au contraire, dont l'autorité a été si souvent invoquée en matière de droit constitutionnel,
regardait le droit de statuer sur « la levée des deniers
publics » comme « le point le plus important de la législation (3) ».

On discute encore aujourd'hui sur le caractère juridique du Budget : la loi de finances est-elle une loi véritable ou tout autre chose? Telle est la question sur
laquelle l'accord est loin d'exister. Nous devons remarquer pourtant, dans toutes les nations modernes où le
pouvoir exécutif et le pouvoir législatif sont séparés, que
le droit de statuer sur le Budget a été confié à ce dernier. En Angleterre, c'est le droit de consentir l'impôt
qui permit aux représentants du peuple de faire la
conquête du pouvoir législatif. En France, l'attribution
aux représentants de la nation du droit de consentir
l'impôt a été consacrée par la Déclaration des Droits de
l'Homme et inscrite dans plusieurs Constitutions.
« C'est, dit M. Esmein, un des points essentiels de la

---

(1) Déclaration du Premier Président du Parlement à Louis XVI
en 1787 (Cf. LEROY-BEAULIEU : Traité de la Science des finances, t. I,
p. 4).

(2) De officio hominis et civis : II, VIII, 1673.

(3) Esprit des Lois : Livre XI, ch. VI.

liberté moderne que ces impôts doivent être établis périodiquement par les Assemblées représentatives et ces dépenses déterminées par elles (1) ». La Constitution de 1875 obéit au même principe puisque l'article 8 de la loi organique du 24 février règle la procédure des lois de finances devant les deux Chambres. Le pouvoir exécutif, auquel incombe la charge d'effectuer le recouvrement des impôts, d'engager, de liquider et de payer les dépenses, demande chaque année au Parlement de fixer le chiffre des crédits nécessaires au fonctionnement des services publics et de l'autoriser à percevoir toutes les recettes correspondantes. C'est sous forme de loi, comme pour tous les actes publics qui émanent de lui, que le Parlement statue sur le budget des recettes et des dépenses.

Or, la confection du Budget suppose de la part des représentants de la nation soucieux de remplir leur

(1) Eléments de Droit constitutionnel.

La Déclaration des Droits de 1789 attribuait à la fois aux représentants des citoyens « le droit de concourir..... à la formation de la loi » (art. 6) et « le droit de constater..... la nécessité de la contribution publique, de la consentir librement, d'en suivre l'emploi et d'en déterminer la quotité, l'assiette, le recouvrement et la durée » (art. 14).

La Constitution de 1791 (tit. III, ch. III, sect. I, art. 1) déléguait « exclusivement au Corps législatif les pouvoirs et les fonctions ci-après :

1º De proposer et décréter les lois ;

3º De fixer les dépenses publiques ;

2º D'établir les contributions publiques, d'en déterminer la nature, la quotité, la durée et le mode de perception. »

On retrouve une disposition analogue dans la Charte de 1814.

4   INTRODUCTIONINTRODUCTION

devoir et de sauvegarder les intérêts de leurs mandants un examen attentif des besoins de l'Etat et, comme conséquence, un contrôle sérieux des actes du pouvoir exécutif et du fonctionnement des services administratifs. Les juristes sont unanimes à reconnaître que, dans un pays où les pouvoirs sont séparés, l'un d'eux ne manque pas, tôt ou tard, d'imposer à l'autre son autorité, et nous venons de voir que cette suprématie revient tout naturellement, à cause de son droit de consentir le Budget, au pouvoir législatif. C'est en effet par la menace de refuser l'impôt, ou simplement par des modifications, des réductions ou des suppressions de crédits, que le pouvoir législatif affirme et impose sa volonté au pouvoir exécutif. C'est l'étude attentive du fonctionnement de l'Administration qui souvent révèle au Parlement les vices de l'organisation des services publics et les lacunes de la législation en vigueur, en même temps que les fautes que le pouvoir exécutif responsable devant lui a commises ou laissé commettre. Pour exercer efficacement son droit de contrôle, le Parlement ne se borne pas toujours à ces modifications ; il introduit dans le texte de la loi de finances des règles nouvelles, des dispositions destinées à remédier aux imperfections qu'il a découvertes et qu'il lui paraît urgent de faire disparaître. Tel a été, du moins, le point de départ de l'habitude prise peu à peu d'opérer des réformes par voie budgétaire.

Mais ce ne sont pas seulement des réformes fiscales

ou des réformes administratives que le Parlement s'est
ainsi accoutumé à introduire dans la loi de finances.
Hanté par ce souvenir que sa principale fonction est de
faire des lois, il a souvent fait entrer dans les lois de
finances des dispositions d'ordre général n'offrant que
des rapports très éloignés avec le Budget ou même lui
étant complètement étrangères.

Cette procédure législative qui, dans certains pays, a
été interdite ou tout au moins limitée par les lois constitutionnelles a pris au contraire. en France, un développement considérable et a donné à la discussion de la
loi de finances une extension telle que les adversaires
de ce système semblent redouter de voir bientôt le Parlement contraint, faute de temps. de faire passer toutes
les réformes par la voie budgétaire.

L'examen du Budget fait naitre chaque année une
foule de questions et d'interpellations qui en alourdissent la discussion ; une tendance est même à noter à
la Chambre des députés : c'est l'ajournement aux débats
sur les crédits d'un département ministériel de toutes
les questions et interpellations relatives à son fonctionnement... Si cette tendance à légiférer par voie budgétaire s'accentue encore, nous assisterons à une véritable
évolution dans les habitudes parlementaires : la loi
de finances, dont les débats s'étendront de plus en plus,
englobera la plupart des prescriptions législatives qui
faisaient l'objet de textes distincts ; les réformes les plus
hétérogènes se rencontreront dans le même cadre.

Seules les grandes lois organiques, qui exigent une
étude spéciale et des débats approfondis, resteront en
dehors de la loi de finances; mais alors, combien peu
de temps, au cours de l'année, restera-t-il au Parlement
pour en aborder l'examen !

Cette méthode de travail, qui -- nous le verrons --
a reçu l'approbation de certains hommes politiques,
présente à la fois des avantages et des inconvénients.
Elle a ses partisans et ses détracteurs et il est intéressant, croyons-nous, d'examiner les raisons que font
valoir les défenseurs et les adversaires d'un système qui
peut avoir une influence indirecte, mais certaine et
considérable, sur le gouvernement du pays et sur les
progrès de la législation. -- Il ne sera pas moins important, pour apprécier la valeur de cette méthode, d'étudier, au moins sommairement, l'ensemble des « réformes législatives opérées par voie budgétaire » au
cours de ces dernières années, en France. Nous essaye-
rons ensuite de déterminer dans quelle mesure les
résultats justifient les opinions doctrinales opposées et
dans quelles limites il peut être avantageux d'opérer
des réformes législatives en les incorporant dans les
lois de finances; enfin nous nous proposons de rechercher à quels principes ou à quelles règles il serait utile
de soumettre cette pratique dont l'extension indéfinie
et arbitraire ne laisserait pas d'offrir de sérieux inconvénients.

PREMIÈRE PARTIE

De la légitimité des réformes législatives
opérées par voie budgétaire

———————

CHAPITRE PREMIER

DÉVELOPPEMENT DE CETTE PROCÉDURE

L'habitude de légiférer par voie budgétaire est aujour-
d'hui si constante en France que presque toutes les lois
de finances comportent des dispositions d'ordre général
et permanent. On a introduit des textes de lois non
seulement dans la loi de finances proprement dite
« portant fixation du Budget général des dépenses et des
recettes » d'un exercice, mais aussi dans les lois « relatives aux contributions directes et aux taxes assimilées », lois qui ont cependant un caractère provisoire,
qui sont votées d'avance pour faciliter la répartition
des impôts du futur exercice et destinées à être incorporées plus tard dans la loi du Budget.

On en trouve même dans les lois relatives aux douzièmes provisoires, qui n'ont pourtant qu'un intérêt

limité et une durée éphémère puisqu'elles ont pour but d'assurer la continuité des services administratifs en attendant le vote définitif du prochain budget dont la discussion traîne en longueur.

C'est ainsi que la loi du 30 décembre 1900 portant ouverture d'un douzième provisoire pour le mois de janvier 1901 contient des dispositions sur la solde du personnel non officier de la marine et sur la solde des officiers (art. 4); sur l'amortissement de la rente 3 0/0, et enfin sur l'incorporation au budget général des dépenses du matériel d'armement.

La loi du 26 décembre 1901, portant ouverture de deux douzièmes provisoires, transfère l'administration des contributions indirectes à celle des domaines la perception des droits et revenus du domaine public fluvial (art. 4) et modifie la disposition de la loi de finances du 13 avril 1898 en ce qui concerne les approvisionnements de la marine.

Cette pratique, dont l'abus a soulevé des protestations au sein même du Parlement, remonte presque aussi loin que le vote du budget par les assemblées législatives. Cependant, la Constitution de 1791 l'avait interdite pour sauvegarder les droits de la Couronne en matière de législation, — raison d'autant plus intéressante à relever qu'on a usé plus tard du même procédé contre le pouvoir exécutif. — Sous le régime de la Constituante, en effet, les lois ordinaires étaient soumises à la sanction royale, tandis que les « décrets

législatifs » concernant les contributions publiques
étaient soustraits à cette formalité (1). Sous la Révolution et sous l'Empire, on inséra toutefois dans la loi du
budget quelques dispositions permanentes : du moins
avaient-elles un caractère financier. C'est ainsi que la
loi du 9 vendémiaire an VI fixe un impôt de timbre sur
les affiches et consacre le principe de la responsabilité
solidaire entre auteurs, imprimeurs, afficheurs et dis-
tributeurs (2). La loi du 24 avril 1806 impose la déclaration préalable au transport des boissons et assujettit à
l'exercice les vendeurs et courtiers en vins (3).

Cette habitude s'implante d'une manière définitive
sous la Restauration : les lois insérées dans le Budget
ne sont pas nombreuses encore, mais quelques-unes
sont importantes. Ainsi le titre VII de la loi du
28 avril 1816 « sur les finances » est consacré aux
tarifs des « droits d'enregistrement, d'hypothèques et de
timbre », le titre IX aux cautionnements des « comptables du Trésor et des officiers ministériels, agents de

(1) Constitution du 3 sept. 1791. Titre III, ch. III, section III, art. 8 :
« Les décrets du Corps législatif concernant l'établissement, la pro-
rogation et la perception des contributions publiques portent le nom
et l'intitulé de la loi ; ils seront promulgués et exécutés sans être
soumis à la sanction royale, si ce n'est pour les dispositions qui
établissent des peines autres que les amendes et contraintes pécu-
niaires. Ces décrets ne pourront être rendus qu'après l'observation
des formalités prescrites par les articles 4, 5, 6, 7, 8 et 9 de la section II du présent titre ; et le Corps législatif *ne pourra jamais
insérer aucune disposition étrangère à leur objet* ».
(2) Art. 58-60.
(3) Art. 26 et 31.

change, courtiers de commerce et autres non comptables du Trésor ». L'autre loi de finances du 24 avril 1816 réglemente le régime des boissons (1). Celle du 15 mai 1818 modifie et augmente les droits d'enregistrement et de timbre (2), de même que l'année précédente la loi « sur les finances » modifiait déjà le régime des boissons (3).

Sous la Monarchie de Juillet, alors que le budget est voté régulièrement en deux lois distinctes, la loi des dépenses et la loi des recettes, c'est dans cette dernière qu'on introduit ordinairement des dispositions financières intéressantes, comme l'organisation des contributions directes et des réclamations les concernant (4), l'impôt du timbre sur les lettres de change et autres effets de commerce (5); dans un autre on définit les bouilleurs de cru (6) ; une autre encore frappe d'une taxe nouvelle les lettres de voiture et les connaissements (7). On insère déjà dans la loi de finances des dispositions tout à fait étrangères au Budget : la loi des dépenses du 19 juillet 1845, par exemple, prescrit l'insertion au *Moniteur* des nominations dans la Légion d'Honneur (art. 8).

Des dispositions analogues sont à relever également

(1) Art. 1-171.
(2) Art. 74-83.
(3) Art. 84-85.
(4) Loi des recettes du 22 avril 1832, art. 8, 9, 10-23.
(5) Loi des recettes du 24 mai 1834, art. 18-22.
(6) Loi du 20 juillet 1837, art. 8.
(7) Loi des recettes du 11 juin 1842, art. 6 et 7.

dans les lois du budget du Second Empire (1). Mais
c'est sous la Troisième République que la législation
par voie budgétaire s'est le plus développée. Les exemples de cette procédure abondent de nos jours ; ce qui
était encore exceptionnel sous les régimes précédents
tend à devenir normal aujourd'hui. Il n'y a pour ainsi
dire pas de loi de finances qui ne contienne des dispositions de loi générales et permanentes. « Toutes les
commissions, depuis dix ans, — disait M. Joseph Reinach, à la Chambre, le 25 novembre 1895. — avec la
complicité des gouvernements successifs, ont entrepris
de réaliser par la loi de finances la réforme des lois organiques.. , ont eu l'ambition de faire dans le budget autre
chose que des réformes simplement budgétaires et financières ». Nous n'en relèverons pas ici la nomenclature,
nous réservant d'y revenir plus longuement dans une
autre partie de notre étude.

En vain chercherait-on à établir une classification
définitive des dispositions législatives rencontrées aujourd'hui dans nos lois de finances : elles sont des
plus disparates (2), sans compter que la législation en

(1) Voir notamment : LL. 8 juillet 1852, 11 juin 1859, 31 juillet 1867.
(2) Ainsi la loi du 30 mars 1902 contient des dispositions sur :
(Art. 14), le droit de visite chez les détenteurs d'alambics ;
(Art. 16), la bonification aux préparateurs d'alcools dénaturés ;
(Art. 24), la responsabilité de l'administration des Postes en ma-
tière de cartes postales et de lettres recommandées ;
(Art. 25), le rétablissement de la franchise en faveur des biblio-
thèques pédagogiques;

vigueur se trouve quelquefois modifiée sans l'adjonction
d'un texte nouveau, par la seule suppression d'un
crédit (1). La plupart des Etats étrangers qui ont
adopté le régime représentatif ont employé la même
procédure. Mais, à l'exception de l'Italie. où les adjonctions à la loi du Budget sont très fréquentes, les Parlements en ont usé avec beaucoup plus de discrétion que
nous ; quelques-uns même, après des luttes assez vives,
y ont à peu près renoncé : certaines Constitutions
interdisent, comme nous l'avons dit, ou réglementent
d'une manière très étroite la législation par voie budgétaire.

En Angleterre. la Chambre des Communes a plusieurs
fois essayé de faire passer certaines réformes à la faveur
du Budget que la Chambre des Lords n'a pas le droit
d'amender. Mais elle s'est heurtée à une vive résistance
de la Chambre Haute et a dû renoncer à de nouvelles

(Art. 30), les attributions des facteurs dans les localités dépour-
vues d'un bureau de Poste ;
(Art. 44), la couleur des affiches électorales ;
(Art. 49-57), la vente de la saccharine et la détention de cette
matière par les pharmaciens ;
(Art. 64), les congés sans solde aux officiers ;
(Art. 65), la création d'un corps militaire de sahariens ;
(Art. 70), la laïcisation ;
(Art. 72), la création d'un musée ;
(Art. 77), la composition des cadres de toutes les Administrations
centrales des ministères.

(1) En 1875, la Chambre refusa d'inscrire dans la loi du Budget la
suppression des sous-préfectures de Sceaux et de Saint-Denis ; mais
elle supprima le traitement des deux sous-préfets.

tentatives du même genre. On sait d'ailleurs que ni les Commissions ni les membres du Parlement ne peuvent faire de propositions qui auraient pour effet d'augmenter les dépenses. Cette prohibition met déjà un obstacle sérieux à l'introduction dans la loi de finances de dispositions étrangères au Budget lui-même. Le gouvernement réunit dans un seul document, le « Finance Act », toutes les dispositions d'ordre financier votées par les Communes sur ses propositions. C'est là qu'on peut découvrir des dispositions d'ordre général et permanent : ainsi, en 1899, le Chancelier de l'Echiquier fit entrer dans la loi de finances des mesures permanentes relatives à la dette publique qui étaient autrefois votées dans des bills spéciaux (1). Mais le « Finance Act » ne contient pas de dispositions législatives dépourvues d'un caractère financier.

Aux Etats-Unis, de nombreux textes législatifs ont trouvé place dans les lois de finances jusqu'en 1875. Cette procédure, adoptée d'abord en raison de sa grande rapidité, devint une arme puissante dont la Chambre des Représentants voulut se servir soit contre le Chef du Pouvoir exécutif, soit contre le Sénat. Après une lutte politique assez vive, les deux Chambres ont inscrit dans leurs règlements des dispositions interdisant à leurs membres de proposer, par voie d'amendement à la loi du Budget, des modifications aux lois existantes

(1) Cf Jèze : *Traité de la Science des finances*, t. 1.

ou des mesures d'ordre général. Ces règles ne sont peut-
être pas scrupuleusement observées ; mais, en fait, la
législation par voie budgétaire est rare.

Le Parlement belge n'emploie ce procédé que dans
des limites nettement déterminées, bien que les dispositions d'ordre général et permanent soient encore assez
nombreuses dans les lois de finances de Belgique. Ces
adjonctions sont écartées en principe, et le plus souvent
en fait, de la loi des dépenses. Quant à la loi des
recettes, on y introduit souvent des dispositions orga
niques concernant les impôts ; mais les propositions
absolument étrangères sont toujours écartées. Les modifications apportées sont plutôt des modifications de
détail suggérées d'ordinaire par l'expérience acquise ;
les réformes radicales doivent faire l'objet d'une proposition de loi dans les formes ordinaires. Enfin les modifications à la loi des voies et moyens ne sont point dis-
cutées sur la simple présentation d'un amendement ;
elles font l'objet d'une proposition de loi spéciale étudiée
et délibérée à part, et la réforme ainsi adoptée est insérée ensuite dans la loi du Budget.

Dans certaines Constitutions enfin, l'introduction
dans le Budget de dispositions d'ordre général ou étrangères à la loi de finances est interdite d'une manière plus
ou moins absolue. La Saxe, le Wurtemberg, le Grand-
Duché de Bade, un certain nombre d'États particuliers
de l'Amérique du Nord ont proscrit les adjonctions
étrangères à la loi de finances. La Constitution austra-

lienne de 1900 est particulièrement catégorique sur ce point : l'article 55 décide que « toute disposition s'occupant de toute autre matière et qui y serait contenue sera nulle et de nul effet (1). »

---

(1) Jèze. Op. cit. page 178.

CHAPITRE II

DE LA LÉGALITÉ DES RÉFORMES LÉGISLATIVES
OPÉPÉES PAR VOIE BUDGÉTAIRE

Le rapide aperçu que nous venons de donner suffit pour montrer que depuis longtemps, en France et dans tous les pays de régime représentatif, le Parlement, ou tout au moins la Chambre basse, a manifesté une tendance marquée à introduire des changements dans la législation à la faveur des lois de finances.

Cette procédure n'a pas été acceptée sans difficultés soit par la doctrine, soit par la jurisprudence des assemblées parlementaires. Non seulement des résistances se sont produites, mais on s'est demandé si une telle procédure était légale. Remarquons de suite que la question, pour la France au moins, n'a qu'un intérêt doctrinal ; car il n'y a pas d'autorité qui puisse constitutionnellement s'opposer aux actes du pouvoir législatif.

Le pouvoir exécutif, en effet, qui peut annuler les délibérations de certaines assemblées électives, comme les Conseils généraux ou les Conseils municipaux, ne saurait faire obstacle à la volonté légalement exprimée

des représentants de la nation. Le Parlement possède
un droit de contrôle sur les actes du pouvoir exécutif,
contrôle qui est exercé d'une façon particulièrement
active par la Chambre des députés. Mais cette fonction
serait purement illusoire si les propres décisions de la
Chambre étaient soumises à la sanction du pouvoir responsable devant elle. On ne saurait voir dans le droit
de dissoudre la Chambre des députés avec l'assentiment
du Sénat un droit réciproque de contrôle au profit du
pouvoir exécutif. L'exercice de ce droit suppose nécessairement des divergences de vue profondes entre les
deux Chambres et ne peut avoir pour conséquence que
de soumettre au jugement de la nation la politique de la
Chambre des députés ; mais il n'a ni pour effet ni pour
but d'infirmer un acte du Parlement tout entier. On doit
en dire autant de l'espèce de *veto* suspensif réservé par
la Constitution française au Chef de l'État. Cette mesure
n'a que la valeur d'un avertissement, d'un sage conseil
destiné à retarder les effets de la volonté du pouvoir
législatif, mais impuissant à l'entraver lorsqu'une
seconde délibération conforme à la première a donné à
la décision prise un caractère irrévocable. Il faut donc
conclure que, dans l'état actuel de nos lois, le pouvoir
exécutif est impuissant à empêcher le pouvoir législatif
d'opérer des réformes par voie budgétaire : ou bien la
réformée votée par l'une des deux Chambres est
repoussée par l'autre, le *statu quo* est maintenu et la
réforme n'est pas accomplie ; ou bien les deux Chambres

ont affirmé et réitéré au besoin leur volonté d'introduire telle réforme dans le Budget, et le Pouvoir exécutif n'a qu'à s'incliner.

Le pouvoir judiciaire n'est pas moins que le pouvoir exécutif lié par les décisions du Parlement. Non seulement il ne peut les prévenir ou les annuler; mais le principe de la séparation des pouvoirs, tel qu'il est interprété en France, s'oppose d'une manière absolue à ce que les tribunaux connaissent directement ou indirectement de la légalité des actes accomplis par les Chambres.

Toutefois, l'interprétation du même principe a conduit les Etats-Unis de l'Amérique du Nord à une application toute différente. Chacun des autres pouvoirs dépositaires d'une partie de la souveraineté nationale peut s'opposer, en ce qui le concerne, à l'exécution d'une disposition prise par le pouvoir législatif en violation des règles constitutionnelles. C'est ainsi que le Président a quelquefois refusé d'approuver certaines lois de finances qui contenaient des « riders », dispositions étrangères au Budget, et que la Cour suprême peut refuser d'appliquer les lois qui lui paraissent contraires à la Constitution.

Les fondateurs de notre Droit public moderne ont eu, au contraire, la constante préoccupation de donner au pouvoir judiciaire un caractère opposé à celui des parlements de l'Ancien Régime et de lui enlever toute attribution qui pourrait, même indirectement, avoir quelque

conséquence politique. Son rôle se borne, en somme, à
appliquer dans chaque espèce qui lui est soumise, et
pour ce cas-là seulement, les dispositions de la loi dont
les parties réclament l'exécution, sans pouvoir examiner
si cette loi est, ou non, conforme aux lois constitutionnelles, si la procédure employée à sa confection par le
pouvoir législatif a été plus ou moins régulière.

Le pouvoir judiciaire ne pourrait donc, pas plus que
le pouvoir exécutif, refuser d'exécuter une disposition
législative sous prétexte qu'elle est entachée d'inconsti-
tutionnalité. Bien que cette règle ne soit pas inscrite
dans notre Constitution, elle est suffisamment établie
par la coutume et par les principes de notre Droit
public pour être au-dessus de toute discussion.

Mais il est encore intéressant, même en France, de se
demander si les réformes accomplies par voie budgétaire sont légales. Si on leur refuse ce caractère, on
devra conclure que le pouvoir exécutif — qui prend part
à la confection des lois — devrait protester énergiquement contre cette pratique ; que le Parlement lui-même
devrait la rejeter ; en tout cas, que les Présidents de
l'une et l'autre assemblées devraient autant que possible
s'opposer au vote par les Chambres de semblables propositions. On pourrait même souhaiter qu'une revision
de la Constitution procurât le moyen efficace de mettre
un terme à ces abus. Si l'on admet, au contraire, la
légalité des réformes par voie budgétaire, on pourra
encore chercher à déterminer la valeur pratique d'une

telle méthode et les limites qu'il serait sans aucun doute nécessaire de lui assigner.

Cette question a été soulevée, il y a longtemps déjà, au Parlement français. Dans la séance du 29 avril 1850, le président Dupin faisait observer au général Lamoricière qui consultait l'Assemblée législative sur le nombre des cadres à maintenir dans l'armée, « qu'il serait irrégulier de mettre incidemment aux voix à l'occasion d'un chiffre des dispositions organiques ». Le président Floquet semblait partager cette opinion lorsqu'il insistait, dans la séance du 30 novembre 1886, pour faire écarter un amendement tendant à modifier l'organisation des cadres de l'armée : « Je suis dans l'impossibilité absolue, disait-il, de mettre aux voix cet amendement dans sa teneur actuelle avec le chiffre du chapitre IX (1) ».

Il s'agissait, il est vrai, dans les deux cas précédents, non pas d'insérer dans la loi de finances une disposition législative, mais de porter indirectement atteinte à des lois existantes par la simple modification d'un chiffre au Budget. Cependant, après une longue discussion, la Chambre avait reconnu, le 13 novembre 1876, qu'en droit une disposition organique pouvait être présentée au cours de la loi de finances. La question était douteuse pour le Président lui-même, M. Grévy, qui avait prudemment laissé à la Chambre le soin de la trancher.

---

(1) Eugène Pierre : Traité de droit politique électoral et parlementaire, n° 851.

La jurisprudence parlementaire ne l'a jamais résolue de façon définitive, puisqu'en 1899 la Chambre repoussa un amendement de M. l'abbé Lemire relatif aux frais des élections sénatoriales, sur cette observation du rapporteur qu' « on ne peut pas modifier par voie budgétaire une loi organique qui touche à la Constitution du Pays (1) ».

La question de principe avait été nettement posée par M. Reinach à la Chambre (25 novembre 1895). L'orateur s'était demandé si, à défaut de termes formels, l'esprit de la Constitution ne s'opposait pas à la législation par voie budgétaire, et il invoquait, en faveur de l'affirmative, « les précautions et les garanties » dont la Constitution « a entouré le vote, les modifications et l'abrogation des différentes lois ». Or, l'esprit de la Constitution peut résulter soit de l'ensemble de ses dispositions, soit des travaux préparatoires et des circonstances où elle est née, soit enfin du développement ultérieur qu'elle a reçu.

La Constitution de 1875 s'occupe du contenu des lois dans deux articles seulement : 1º dans l'article 8 de la loi du 24 février, qui décide que « les lois de finances doivent être, en premier lieu, présentées à la Chambre et votées par elle » ; 2º dans l'article 8 de la loi du 25 février, qui règle la procédure de révision des lois constitutionnelles. Les autres dispositions relatives aux lois

(1) Eugène Pierre : loc. cit.

concernent l'initiative, le vote, la promulgation et sont applicables à toutes les lois, sauf aux lois constitution-nelles. Mais rien n'indique en quoi consistent les lois de finances, ni s'il est conforme à la Constitution d'in-troduire des dispositions d'ordre financier dans une loi ordinaire ou réciproquement. C'est une question d'orga-nisation parlementaire qui, sauf la restriction de l'article 8 de la loi du 24 février, trouve sa solution dans la cou-tume ou dans le règlement des Chambres, règlement dont elles sont maîtresses d'après la Constitution.

On ne peut tirer aucune indication des circonstances où est née la Constitution, non plus que des travaux préparatoires. Quant à la coutume qui pourrait suppléer au silence de la loi, elle tend plutôt à s'établir, malgré bien des résistances, dans le sens des réformes législa-tives par voie budgétaire

En réalité, la légalité des réformes par voie budgé-taire a été bien des fois examinée au sein du Parlement, mais la question de principe est toujours restée sans solution.

La doctrine est divisée sur ce point. Les auteurs qui refusent au Parlement le droit de légiférer par voie bud-gétaire fondent leur opinion sur la distinction suivante : le rôle principal du pouvoir législatif est bien de faire des lois ; mais ce n'est pas son rôle unique, et le vote du budget notamment est une fonction toute différente attribuée par la Constitution au pouvoir législatif. Celui-ci ne peut donc pas, lorsqu'il exerce une autre

fonction, fonction administrative, faire en même temps
œuvre de législateur. « Le Parlement, dit M. Duguit,
peut assurément, en faisant une loi, supprimer le service créé par une loi, mais il ne peut pas la supprimer
indirectement par un simple acte administratif en refusant le crédit nécessaire pour en assurer le fonctionnement. En fait, le Parlement le fait quelquefois ; par
exemple, il a supprimé en 1886 et en 1887, par voie budgétaire, les Facultés de théologie catholiques et les
les inspecteurs généraux de l'Enseignement supérieur :
il a fait une chose illégale (1) ».

M. Esmein condamne par le même raisonnement les
réformes par voie budgétaire, mais ses conclusions sont
moins affirmatives : « La légalité même de cette procédure, dit-il, me paraît très contestable. Si, en effet, la
loi de finances annuelle est l'exercice non du pouvoir
législatif proprement dit, mais d'un pouvoir différent
également attribué aux Chambres, est-il possible d'y
insérer de véritables dispositions législatives ? Les
conséquences mêmes qui découlent de cette combi-
naison semblent protester contre elle. La loi du Budget
est, de sa nature, temporaire, annuelle ; comment donc,
alors que l'ensemble de ses dispositions ne dureront
qu'un an, certaines dispositions de la loi de finances se
détacheront-elles des autres pour prendre une valeur

(1) Duguit : L'Etat, t. II

indéfinie? (1) » Ce procédé peut paraitre surtout cho-
quant dans les lois relatives aux douzièmes provisoires
qui contiennent parfois des dispositions permanentes.

Malgré la grande autorité qui s'attache à l'opinion de
M. Esmein, nous ne sommes point touché par cet argument qu'une loi dont « l'ensemble des dispositions ne
doit durer qu'un an » ne doit pas contenir de règles qui
« se détacheront des autres pour prendre une valeur
indéfinie ». Ce mélange de dispositions permanentes et
de dispositions temporaires se retrouve dans plus d'une
loi, en effet. Celles qui modifient des lois organiques
antérieures contiennent souvent des dispositions tran-
sitoires appelées à recevoir leur application pendant
une durée relativement courte, tandis que l'ensemble de
la loi aura une portée permanente et indéfinie. Pour-
quoi donc une loi temporaire, et en particulier la loi de
finances, ne pourrait-elle réciproquement contenir des
dispositions perpétuelles?

Notre législation nous offre d'ailleurs plus d'un exemple de dispositions législatives qui ne sont pas votées
« à toujours » et auxquelles on ne conteste pas le caractère de lois véritables. Ainsi les lois sur la marine marchande, qui accordent des primes à la construction ou
à l'armement, ne sont faites que pour un nombre
d'années limité et déterminé par avance expressé-

(1) ESMEIN : *Eléments de Droit constitutionnel* (1re édition), p. 764).
En ce sens : DUPRIEZ : *Les Ministres d'Europe et d'Amérique*, II,
p. 415.

ment (1) ; il en est de même des lois qui accordent des primes pour l'encouragement de la sériciculture (2). La loi des recettes elle-même est annuelle, mais l'annalité de l'impôt n'est pas de son essence même : cette règle a été établie pour des raisons politiques, et aucune raison de droit ne s'opposerait à ce qu'il en fût autrement (3). La Constitution de 1875 est muette sur ce point. Celle de 1791 (4) autorisait le pouvoir législatif à voter l'impôt pour plusieurs années. En Angleterre, une partie du budget est établie par des lois permanentes, bien que l'autre partie soit annuelle, et en Allemagne l'engagement des dépenses et le recouvrement des impôts pourraient s'effectuer (en grande partie au moins) malgré le refus du Budget. Il n'y a donc pas d'obstacle juridique à ce qu'un même texte renferme des dispositions permanentes et des dispositions temporaires, que ces dernières soient votées pour une seule ou pour plusieurs années.

Aucun article de nos lois constitutionnelles, rien dans les coutumes de notre Droit public qui tende à réglementer sur ce point les pouvoirs du Parlement Que cette méthode soit vicieuse et entraîne parfois des conséquences fâcheuses, nous ne songeons pas à le contester ;

(1) Lois 30 janvier 1893, art. 13 ; — 7 avril 1902, art. 12, § 2 ; — 19 avril 1906, art. 14.

(2) Lois 13 janvier 1892 ; — 21 juin 1897.

(3) En ce sens : ESMEIN, loc. cit. — Contra : Duguit.

(4) Titre III, ch. I, sect. I, art. 1.

mais cette seule raison nous paraîtrait insuffisante pour déclarer illégales les dispositions permanentes qu'on rencontre dans les lois de finances.

Les savants auteurs que nous venons de citer invoquent une autre raison, plus délicate à notre avis, pour taxer d'illégalité les réformes opérées par voie budgétaire : *en votant le Budget, les membres du Parlement ne font pas œuvre de législateurs ;* ils remplissent un autre mandat, ils exercent une fonction spéciale qui leur a été confiée par la loi. MM. Bouvier et Jèze insistent sur cet argument (1). « Le vote du budget ou de la loi des comptes, disent-ils, n'est pas l'exercice du pouvoir législatif proprement dit ; c'est l'exercice d'un pouvoir différent également attribué aux Chambres. Donc il ne devrait pas servir à l'établissement, à la modification ou à l'abrogation d'une loi proprement dite. .... Un acte d'administration ne doit pas contenir de dispositions législatives... Il y a confusion de pouvoirs, contradiction (2). »

Toutes ces critiques se rapportent à deux ordres de faits différents qu'il importe, croyons-nous, de distinguer avec soin. Le Parlement opère les réformes législatives par voie budgétaire de deux façons : tantôt il insère dans une loi de finances un texte précis, un

---

(1) « La véritable notion de la loi et la loi annuelle de finances » (*Revue critique de législation et de jurisprudence*, 1897).

12) Cependant M. Jèze (*Traité de la Science des finances*) reconnaît que la légalité de ce procédé n'est pas discutable.

article qui abroge, expressément ou implicitement, une loi préexistante ; tantôt il se borne à supprimer ou à diminuer les crédits nécessaires à l'application d'une loi.

Dans le premier cas, le changement apporté à la législation prend la forme d'une véritable loi. Certains auteurs allemands enseignent même que cette circonstance suffit pour donner à la disposition nouvelle son caractère législatif : « Une disposition qui par son contenu pourrait être une instruction de service, un ordre administratif, une ordonnance dans le sens matériel du mot, éprouve, lorsqu'elle a été adoptée en entrant dans une loi, une transformation fondamentale au point de vue de sa nature juridique ; elle devient la règle du législateur » (1).

Mais cette opinion rencontre peu de partisans en France, où la plupart des auteurs admettent que la loi est surtout déterminée non par sa forme, mais par certains éléments de fond (2) : sa portée générale — s'étendant à toutes les personnes ou tous les faits placés dans les conditions qu'elle suppose —, son caractère obligatoire, sa durée indéfinie — encore n'est-il point néces-

----

(1) Hænel : Das Gesetz im formellen und materiellen Linne (Studien 1888).

En ce sens : Martitz (Zeitschrift für die gesammte Stattswissenschaft. (T. 36).

Contra : Laband (Le Droit public de l'Empire allemand).

(2) Jacquelin : Principes de Droit administratif. — Esmein : loc. cité. — Artur : La Séparation des pouvoirs et des fonctions (Revue de Droit public, 1900, I, p.219).

saire qu'elle soit perpétuelle (1). — Si nous nous trouvons en présence d'un texte inséré dans la loi de finances qui renferme ces conditions de fond, et telle est bien notre hypothèse, nous ne pouvons lui refuser le caractère juridique de disposition législative puisqu'il fait partie d'un document ayant au moins la forme d'une loi. Or, il nous paraît bien difficile de soutenir que la seule présence d'un texte législatif dans un acte n'en ayant pas tous les caractères suffirait pour l'entacher d'illégalité. Que cette disposition d'ordre permanent soit insérée dans la loi des recettes, que quelques-uns regardent comme une loi véritable (au moins dans les pays qui admettent l'annalité budgétaire) (2), ou qu'elle soit contenue dans la loi des dépenses que l'on considère plus généralement comme un acte de haute administration, sa légalité ne nous paraît pas discutable. On est bien forcé de convenir enfin que l'intention du législateur, en votant ces dispositions, était réellement d'édicter une loi : il a agi dans la plénitude de ses pouvoirs Il y a, dit-on, confusion de pouvoirs. Soit. En France, on n'a pas conservé à la loi du Budget « son caractère de disposition administrative par nature » (3). On peut dire que la confusion initiale des pouvoirs, qu'on retrouve d'ailleurs dans tous les pays de régime représentatif, est celle que consacre la Constitution

(1) Planiol : *Cours de Droit civil*, 2ᵉ éd., I, p. 60.
(2) Duguit : op. cit.
(3) Dupriez : op. cit.

elle-même en confiant le vote du Budget, acte de haute administration, au pouvoir législatif.

Quant à la confusion que commet le Parlement, en insérant dans la loi de finances des dispositions permanentes, elle est plutôt le résultat d'une mauvaise méthode de travail, peut-être aussi de circonstances indépendantes de la volonté des législateurs ; mais ceux-ci ne commettent aucun excès de pouvoir, ils ne dépassent pas les limites de leur rôle et demeurent dans la plus stricte légalité lorsqu'ils introduisent dans la loi de finances des dispositions législatives. Rien ne les oblige à exercer, comme le personnage de Molière, chacune de leurs fonctions successivement et distinctement selon la diversité de leurs pouvoirs.

Mais, si le Parlement exerce réellement son pouvoir législatif lorsqu'il introduit des dispositions d'ordre permanent dans la loi de finances, est-il possible de l'admettre encore lorsque les modifications apportées par voie budgétaire aux lois antérieures résultent seulement de la diminution ou de la suppression des crédits nécessaires à l'application de ces lois? Le pouvoir législatif peut-il *légalement* empêcher le fonctionnement des lois par un simple refus de crédits?

L'affirmative, croyons-nons, ne devrait faire aucun doute pour ceux qui regardent la loi du Budget comme une véritable loi, — doctrine en faveur surtout en Allemagne (1), où l'on reconnaît néanmoins aux mi-

(1) Hænel, Martitz. — Ouvrages précités.

nistres le droit d'engager certaines dépenses pour
assurer l'exécution des lois existantes, quel que soit le
vote des ressources budgétaires. — On pourrait dire,
dans cette opinion, que les lois précédentes sont abrogées par le seul fait qu'elles sont incompatibles avec la
loi de finances postérieure. Toutefois, il nous serait
difficile, même en admettant ce système, de voir dans
la suppression de crédits une véritable abrogation de la
loi. Il peut y avoir au moins quelque doute sur l'intention du législateur qui n'a pas exprimé sa volonté d'une
manière formelle, et l'abrogation d'un texte législatif ne
se présume pas aisément. Souvent la loi pourra com-
porter encore de nombreuses applications dans celles
de ses dispositions qui n'exigent aucune dépense budgétaire (1) Le pouvoir exécutif devra donc continuer à
en assurer l'exécution, *in parte quâ;* cette loi continuera
de s'imposer comme règle générale : on ne peut pas dire
qu'elle a été rayée de notre législation.

Si l'on admet, par contre, avec la plupart des auteurs,
que la loi des dépenses n'est pas une loi proprement
dite, mais un acte de haute administration, l'objection
suivante se présente immédiatement à l'esprit : peut-on
concevoir qu'un simple acte d'administration, qui par
sa nature doit être subordonné à la loi, puisse modifier

(1) La loi du 14 juillet 1905 « relative à l'assistance obligatoire aux
vieillards, aux infirmes et aux incurables privés de ressources »,
devrait être appliquée, quand même le Parlement n'inscrirait au
Budget aucun crédit pour payer les subventions prévues à l'art. 32.

ou même abroger cette loi ? Les actes d'administration sont du domaine du pouvoir exécutif et l'on peut penser que, logiquement, le pouvoir exécutif devrait être chargé de fixer et d'ordonner les dépenses publiques. S'il en était ainsi dans la pratique, ne serait-il pas étrange, contraire même au principe de la séparation des pouvoirs, qu'une règle établie par le pouvoir législatif pût être modifiée ou même abrogée par une décision du pouvoir chargé d'en assurer l'exécution? Or, le budget ne change pas de nature par ce fait que la Constitution a confié au pouvoir législatif le droit de le consentir; il semble donc que la subordination à la la loi de cet acte d'administration ne s'impose pas moins fortement.

A cette objection nous répondrons : si la suppression ou la diminution d'un crédit peut avoir pour conséquence, en fait, d'abroger une loi antérieure, au point de vue juridique cette abrogation n'a pas lieu ; mais le fonctionnement de la loi se trouve seulement suspendu. Et l'on peut en conclure que, pour rendre à la loi toute sa vigueur, il ne serait point nécessaire que le Parlement votât un texte nouveau, il suffirait de rétablir les crédits indispensables à son exécution (1). La solution

(1) M. Jules Ferry, président du Conseil, soutenait la même opinion à la tribune de la Chambre le 20 mars 1895 : « Prenez un exemple, disait-il, les Facultés de théologie : il est évident que, le crédit étant supprimé, elles ne peuvent pas fonctionner ; mais elles ne sont pas détruites ; il faudra une loi pour dire qu'elles n'ont plus de représentant au Conseil supérieur de l'Instruction publique ».

serait différente si la loi préexistante avait été abrogée par un texte formel inséré dans la loi de finances ou si elle était incompatible avec le texte nouveau. Pour la faire revivre, il faudrait nécessairement une disposition législative nouvelle. Nous croyons, en effet, qu'une loi ne peut, législativement, être abrogée que par une loi nouvelle et non par un acte d'administration financière. Telle n'est pas toujours peut-être l'intention du législateur, au moment où il vote la suppression d'un crédit nécessaire à l'exécution d'une loi (1), mais telle est certainement la conséquence juridique de cette suppression. Supposons que, par suite du développement des institutions, ou pour toute autre cause, le crédit nécessaire au fonctionnement d'une loi varie dans le sens de l'accroissement et non pas de la diminution ; on ne pourrait dire que l'existence de la loi en ait été affectée, que ses dispositions aient été modifiées. Le résultat juridique ne saurait être de nature différente si les crédits affectés à son exécution ont subi dans le budget une variation en sens inverse qui a pu aller jusqu'à la suppression totale.

Néanmoins, il faut reconnaître que la suppression d'un crédit nécessaire au fonctionnement d'une loi peut

---

(1) M. Dauphin disait au Sénat en 1885 : « Il peut y avoir des circonstances dans lesquelles, même lorsqu'il existe une loi, il y ait un intérêt supérieur, actuel, dominant, qui veuille que cette loi soit supprimée immédiatement par un vote du Budget... Où est-il écrit dans la Constitution qu'on ne pourra pas abroger une loi par une loi et non par une disposition budgétaire ?... » (Séance du 23 mars.)

aboutir d'une manière indirecte au même résultat pratique que l'abrogation de cette loi par un texte formel. C'est la légalité de ce procédé lui-même que nous devons envisager

En 1895, M. Jaurès soutenait sans restriction à la Chambre des députés le bien-fondé de cette procédure : « Il n'y a, disait-il, aucune loi, même organique, qui soit supérieure à la loi budgétaire, qui puisse lier la Chambre dans la libre disposition des ressources du pays.. (1) ». On admet, au contraire, en France, que les Chambres ne peuvent porter indirectement atteinte au lois existantes par la suppression des crédits nécessaires. « De même qu'elles n'ont pas le pouvoir de modifier ou d'abroger directement par des résolutions isolées les droits ou les institutions établies par une loi, elles ne peuvent atteindre indirectement le même résultat, soit en refusant d'accepter les recettes fixées par la loi, soit en effaçant ou en réduisant les dépenses nécessaires à l'exécution des lois (2) ».

Mais nous croyons qu'il est impossible d'adopter l'un ou l'autre système sans faire des distinctions. Certaines lois, en effet, subordonnent plus ou moins explicitement leur exécution au vote annuel des crédits indispensables à leur fonctionnement. La suppression, en

(1) *Journal Officiel* 1895. — Chambre des Députés : débats parlementaires, p. 912.

(2) Kœmme : Das Staatsrecht des preussichen Monarchie (cité par MM. Bouvier et Jèze, op. cit.).

34

fait, de ces lois par voie budgétaire ou plutôt la suspension de leur application n'aura certainement rien d'illégal.

C'est ainsi que la loi du 28 mars 1882, sur l'organisation de l'Enseignement primaire obligatoire, prévoit expressément (art. 18) l'inexécution partielle de ses dispositions, par suite de l'insuffisance des locaux ; que la loi de finances, du 30 mars 1902, proroge les délais de la laïcisation qu'elle a fixés dans les communes, où il sera nécessaire d'acquérir ou de construire des écoles (art. 70). Toutes les lois qui prévoient et ordonnent de grands travaux publics, dont la dépense doit être nécessairement répartie sur plusieurs exercices supposent, sans aucun doute, que des crédits seront inscrits chaque année au budget, pour l'exécution des travaux. Mais les prévisions financières qu'elles comportent ordinairement, ont la valeur d'un simple programme, dont l'état économique du pays peut exiger la modification ou l'ajournement. Ces travaux sont activés ou ralentis ; ils peuvent même être interrompus faute de crédits nécessaires inscrits au budget, sans que cette suppression ait rien d'illégal. L'abrogation de la loi par une disposition législative formelle, n'ajouterait aucun avantage et pourrait présenter des inconvénients. Pour la remettre en vigueur, il faudrait voter, laborieusement peut-être, un nouveau texte et rouvrir des débats dont on ne saurait prévoir l'issue : le simple rétablissement des crédits dans le budget, dès que les circonstances le permettront, assurera la reprise des travaux et une heureuse continuité dans la politique économique du Parlement. C'est ainsi que le ministre de la marine, soutenant à la Chambre un projet relatif à l'augmentation de la flotte, déclarait en 1900, que les dépenses que comportait le projet, n'étaient prévues qu'à titre d'indication et ne grevaient pas par avance les budgets futurs (1). Certaines lois limitent à un chiffre maximum, les dépenses que pourra entraîner leur exécution et supposent implicitement que chaque année la loi de finances pourra les restreindre (2).

Mais la plupart des lois, dont le fonctionnement entraîne des dépenses — et c'est le plus grand nombre — ne formulent aucune prévision budgétaire et supposent que le pouvoir exécutif doit trouver dans les ressources générales de l'Etat, les fonds nécessaires pour assurer leur exécution. On a même accusé souvent — et non sans raison — les législateurs d'imprévoyance lorsqu'ils votent des lois nouvelles sans souci des charges financières qu'elles peuvent entraîner. Il faut comprendre encore dans le même groupe, les lois qui ordonnent expressément l'inscription annuelle dans un

(1) Séance du 29 mai 1900 — *Journal Officiel* du 30 mai.
(2) Lois des 7 avril 1902 (art. 23 et 24) et 19 avril 1906 (art. 81) limitant les crédits affectés aux primes à la construction des navires et à la compensation d'armement. — Cf. loi du 14 juillet précitée, art. 32 *in fine*.

chapitre du Budget des crédits nécessaires à leur
exécution, soit qu'elles prescrivent l'ouverture d'un
chapitre spécial, soit qu'elles indiquent le chapitre de
la loi annuelle de finances où elles devront figurer (1).
Une telle disposition, en effet, est une simple mesure
d'ordre qui n'a pas pour but d'imposer aux législateurs
futurs des obligations spéciales, dont ils seraient
affranchis à l'égard des autres lois ne contenant aucune
prévision budgétaire.

Le fonctionnement de toutes les lois de cette catégorie, la plus nombreuse, peut-il être légalement suspendu par une simple suppression des crédits dans la
loi de finances, ou bien le législateur est-il juridiquement obligé de consentir les dépenses qu'elles entraînent ? Il faut répondre, croyons-nous, que, sauf la
réserve importante dont nous allons parler à l'instant,
le législateur qui a eu le pouvoir de formuler et d'imposer la règle a aussi l'autorité nécessaire et suffisante
pour en suspendre l'exécution. En supprimant les crédits indispensables au fonctionnement de la loi, il
n'agit pas dans les mêmes formes qu'il avait employées
pour légiférer, il n'exerce peut-être pas le même pou-

_____

(1) L'article 46 de la loi de finances, du 17 avril 1906, qui prescrit
la création d'une école d'application pour les candidats aux brevets
et diplômes de la marine marchande, porte (§ 3) que : « les crédits
nécessaires à cette institution, seront annuellement inscrits à un
chapitre du département de la marine. »

voir ; mais nous répondrons à ces objections comme
nous l'avons fait précédemment pour les adjonctions à
la loi de finances : la forme seule ne peut ruiner l'autorité qu'il faut reconnaître à la volonté du législateur
lorsque cette volonté est clairement et régulièrement
manifestée.

Cependant, une réserve importante s'impose, qui
restreint dans une large mesure, les droits du législateur .

Lorsqu'il s'agit d'assurer l'exécution d'une loi qui a
créé des engagements à la charge de l'Etat, ou qui a
reconnu l'existence d'engagements pris par l'Etat, ou
enfin en vertu de laquelle les autorités compétentes ont,
dans les limites de leurs attributions, contracté certaines dettes au nom de l'Etat, le législateur ne peut
pas se soustraire à l'obligation d'inscrire au budget les
crédits nécessaires pour payer ces dettes, pour faire
honneur à ces engagements. Il en sera de même pour
le paiement des dettes résultant de quasi-délits commis
par des fonctionnaires et mis par une décision judiciaire à la charge de l'Etat : celui-ci, en effet, est tenu
moralement et juridiquement, comme les simples particuliers, de payer ses dettes et de remplir ses engagements Il faut subordonner les droits du Parlement en
matière de finances à cette idée générale qui domine
tout le Droit et que formule ainsi heureusement M. Jèze :
« Dans l'Etat moderne, il n'y a pas d'autorité si haut
placée qu'elle soit — fût-ce le Parlement — qui puisse

empêcher la réalisation des droits subjectifs qui ont pris régulièrement naissance (1). »

Le législateur qui refuse d'inscrire au budget les crédits nécessaires au paiement d'une dette, commet une illégalité certaine. Une telle décision bouleverse, en quelque sorte, la vie normale de la nation, tend à ruiner son crédit au dehors, à interrompre et à fausser le jeu régulier de ses institutions. L'usage de tels procédés crée pour la nation l'état de faillite, c'est-à-dire un état absolument anormal qui ne trouve plus sa solution dans les règles du Droit. Aussi le Gouvernement s'est-il cru autorisé, en temps de paix, à recourir à des mesures violentes pour obliger telle nation à payer les dettes qu'elle avait régulièrement contractées envers nos nationaux pour la contraindre à remplir ses engagements (2). On estima que le refus par la nation débitrice de faire honneur à sa signature, constituait un acte de violence, tout à fait en dehors du droit, et auquel on pouvait s'opposer par la violence même.

Il est possible qu'aucune autorité ne puisse obliger le législateur à respecter les engagements pris par l'Etat envers ses créanciers, envers des nationaux, par exemple. Mais ce n'est pas la force qui crée le droit, et le refus par l'Etat de reconnaître et de payer ses dettes n'est pas moins illégal parce que personne ne peut l'y

(1) Jèze : Traité de la science des finances.
(2) Voir le différend franco-turc de 1901. (Revue de Droit international public — IX, p. 67.)

contraindre. Ces principes paraissent acceptés aujourd'hui par la plupart des nations civilisées : la résistance mise par quelques États à remplir leurs engagements a soulevé en Europe la réprobation générale. On peut croire que les différents régimes qui se sont succédé en France depuis la Révolution ont compris le respect que doit l'État aux droits de ses créanciers, puisque tous les Gouvernements ont accepté la charge des dettes contractées régulièrement sous les régimes antérieurs (1). Si tout le monde n'était pénétré de la confiance que ces principes, qui ne sont pas inscrits dans la Constitution, forment cependant des règles inflexibles du Droit public, comment l'État pourrait-il réaliser des emprunts à long terme ou même à durée indéfinie? Comment pourrait-il trouver des entrepreneurs pour les travaux publics dont le prix dépassera beaucoup les crédits portés dans un seul budget ? Et par dettes de l'État nous n'entendons pas seulement celles qui ont été reconnues en justice ou qui dérivent de contrats régulièrement signés par les parties, mais toutes les obligations qui résultent des actes accomplis par les fonctionnaires

(1) Aujourd'hui encore le budget des dépenses comporte les arrérages de dettes consacrées sous presque tous les régimes antérieurs à la Troisième République (Cf. Budget du Ministère des Finances, chapitres 17, 18, 19, 22, 23, 26, 27). L'État a procédé au rachat des majorats (Loi de finances du 22 avril 1905, art. 29 et suiv.) et ne s'est pas contenté de supprimer purement et simplement l'allocation correspondante au budget.

compétents dans la limite de leurs pouvoirs pour
l'exercice de leurs fonctions.

Le Parlement ne pourrait pas légalement refuser les
crédits nécessaires au paiement des pensions régulièrement concédées ou du traitement des fonctionnaires
nommés pour un temps indéterminé. Lorsque les autorités compétentes ont nommé des fonctionnaires dans
un service public, elles ont pris l'engagement tacite, au
nom de l'État, de les maintenir dans leur situation et
de leur conserver les avantages attachés à leur état tant
qu'une des causes prévues par les lois et les règlements
ne viendra pas les modifier. Le Parlement qui dimi-
nuerait le traitement des fonctionnaires en activité sous
prétexte de faire des économies ou qui refuserait de
consentir au paiement de ce traitement pour ménager
les ressources du Budget commettrait un acte incontes-
tablement illégal. Le pouvoir législatif peut, en vertu
de son droit de contrôle, poursuivre la réduction du
nombre des fonctionnaires, tout en respectant les droits
acquis. Il peut enjoindre aux Ministres de s'abstenir de
faire de nouvelles nominations ; néanmoins il ne saurait légalement refuser d'inscrire au budget le traitement de fonctionnaires nommés malgré ses injonctions,
sauf à demander compte aux Ministres de leur administration.

Nous irons jusqu'à admettre, au point de vue juridique, que le Parlement a le droit, soit par une disposition expresse de la loi de finances, soit même par une

suppression de crédits, de modifier ou de supprimer un service public, quelque critiquable que puisse paraître, au point de vue pratique, cette procédure. Si, comme nous le verrons, elle présente beaucoup d'inconvénients, du moins aucun obstacle légal ne s'y oppose, et c'est le seul point que nous ayons à examiner ici. Il peut y avoir d'ailleurs un intérêt réel à supprimer rapidement un service onéreux et inutile : son existence dépend de l'unique volonté du pouvoir législatif, qui a le droit et même le devoir de le supprimer ; or, aucune forme solennelle n'est imposée par la Constitution à l'expression de cette volonté. Nous pouvons donc conclure que la suppression des crédits nécessaires au fonctionnement d'un service public n'a en elle-même rien d'illégal. Mais il est certain que toutes les obligations contractées en vue du service supprimé, qu'elles résultent d'engagements exprès envers des particuliers ou d'engagements tacites relatifs à la situation et aux droits acquis des fonctionnaires, devraient être remplies. Le Parlement ne saurait donc refuser les crédits qu'exige le paiement des dettes contractées par l'Etat en vue d'assurer ce service.

Cette question de la légalité des réformes par voie budgétaire mérite enfin d'être examinée dans un cas particulièrement délicat. Le législateur, avons-nous dit, pourrait voter l'impôt pour plusieurs années, selon la coutume anglaise ; il pourrait aussi — rien ne s'y oppose — voter des dépenses pour plus d'une année (1) ou établir, par une loi spéciale, un service public dont la dépense, au lieu d'être subordonnée aux ressources du budget, devrait servir de base aux évaluations budgétaires futures. Cette dernière hypothèse a même été réalisée par la loi du 13 mars 1875 « relative à l'organisation des cadres de l'armée active et de l'armée territoriale » qui dispose (art. 2, § 2) que « l'effectif normal en temps de paix représente le chiffre au-dessous duquel la moyenne annuelle de l'effectif entretenu sous les drapeaux ne peut être abaissée. Il sert de base aux évaluations budgétaires annuelles et ne peut être modifié que par une loi spéciale indépendante de la loi de finances ». Cette disposition écarte nettement la réalisation de toute réforme par voie budgétaire relative aux cadres de l'armée soit au moyen d'une adjonction au

___

(1) Cependant cette proposition est controversée. M. Duguit prétend que l'anualité de l'impôt qui n'est pas inscrite dans la Constitution de 1875 est une règle « incontestée et incontestable et forme depuis 1791 un principe de notre Droit public, soit que l'on considère que les Constitutions antérieures sont encore en vigueur sur ce point, soit que l'on y voie une règle du Droit coutumier constitutionnel. Le Parlement français qui voterait le Budget pour plusieurs années, par exemple un septennat militaire ou un quinquennat naval sur le modèle allemand, ferait un acte inconstitutionnel ». (L'État T. II, p. 523). Mais nous remarquerons avec M. Esmein que la Constitution de 1791 (voir ci-dessus p. 3, note 1) permettait précisément au Corps législatif de voter les contributions publiques pour plusieurs années et que les deux Chartes ainsi que l'Acte additionnel n'ont inscrit le principe de l'annalité budgétaire qu'avec certaines réserves. Rien ne nous empêcherait d'imiter une fois de plus l'Angleterre qui établit certaines dépenses par des lois permanentes.

texte même de la loi de finances, soit au moyen d'une suppression de crédit. Le législateur de 1875 a jugé que l'organisation des cadres était une question assez grave pour la soustraire aux fluctuations budgétaires. Il n'a point interdit aux législateurs de l'avenir de modifier la loi organique ou même de la changer, — il ne pouvait pas le faire ; mais il a voulu que toute modification à la loi qu'il venait de voter fût opérée selon la procédure ordinaire du Parlement, avec toutes les garanties que comporte la confection ordinaire des lois. La prohibition de modifier les cadres de l'armée par voie budgétaire s'impose au Parlement comme toute loi s'impose à la masse des citoyens, ou plutôt elle s'impose à lui seul puisque lui seul a le pouvoir de modifier les lois (1). Nous avons admis, pour les lois ordinaires, que le législateur pouvait, par une suppression des crédits suspendre leur exécution parce que légalement rien ne s'y opposait. Mais ici c'est la loi elle-même qui s'y oppose expressément. Si l'on admettait que le pouvoir législatif pût transgresser « *ad nutum* » les lois établies sous prétexte que rien ne doit entraver sa liberté d'action, il faudrait avouer que le législateur est impuissant à faire une œuvre solide ou simplement sérieuse, puisque la règle qu'il prétend établir aujourd'hui ne présente aucune garantie pour demain ; que la loi perd son

(1) Disons toutefois que si le referendum était introduit en France et applicable à la loi de finances, la prohibition de la loi de 1875 s'imposerait à l'ensemble des citoyens.

caractère essentiel de *règle* générale pour devenir seulement l'expression du caprice d'un Parlement incapable de se soumettre aux lois qu'il a prétendu s'imposer à lui-même Il ne peut pas en être ainsi, à moins d'enlever à la loi toute signification et d'en faire une œuvre vaine. La réforme de la loi de 1875 par voie budgétaire serait donc illégale, de même que la suppression de crédits qui ont été votés précédemment par une disposition permanente et pour un certain nombre d'années serait illégale tant que cette disposition permanente n'aurait pas été abrogée par un texte formel. En vain soutiendra-t-on qu' « une loi ne peut être illégale » (1) parce qu'elle est « un acte d'autorité initiale qui ne se rattache par aucun lien de subordination à aucune prescription positive antérieure » et que « tout ce qui précède est même abrogé de plein droit dans la mesure où c'est inconciliable avec la disposition nouvelle ». N'est-ce pas comme si l'on disait que l'homme ne peut se lier par des engagements parce que, après avoir fait en s'engageant un acte de volonté, il peut faire un acte de volonté contraire, ou bien que celui envers lequel il s'est obligé ne peut le contraindre à exécuter ses engagements. Dire que la loi « ne se rattache par aucun lien de subordination à aucune prescription positive antérieure » nous parait être une pétition de principe. Violer une règle

---

(1) Arthur : La Séparation des pouvoirs et des fonctions (Revue de Droit public 1903, p. 219 et suiv.).

n'est pas une même chose que la changer et le législateur viole la règle qu'il s'était imposée à lui-même
dans toute la plénitude de son indépendance, il fait une
œuvre illégale, lorsqu'il refuse de payer les dettes, de
remplir les engagements contractés légalement par
l'Etat, ou lorsqu'il emploie dans la confection même des
lois une procédure expressément condamnée dans un
texte législatif auquel il désobéit tout en maintenant sa
teneur.

Nous pouvons donc conclure que le législateur pourra
légalement modifier ou abroger les lois existantes par
l'introduction d'une disposition expresse dans la loi de
finances ou même suspendre leur exécution en refusant
de voter les crédits nécessaires ; mais à la condition
formelle de respecter les droits acquis des créanciers
même éventuels de l'Etat et d'obéir aux règles qu'il
s'est imposées et qu'il n'entend pas changer, car il y
aurait une contradiction inexplicable à établir une règle
impérative ou prohibitive dont on se propose de ne
tenir aucun compte

CHAPITRE III

DU RÔLE DES LOIS DE FINANCES DANS LA LÉGISLATION

Nous venons d'établir que la légalité des réformes par voie budgétaire était, en principe, inattaquable. Mais la correction, la régularité de cette procédure sont tout au moins douteuses. Bien qu'elle trouve encore aujourd'hui, surtout en France, des défenseurs ardents et convaincus, cette méthode de travail parlementaire a donné lieu à de vives critiques dont quelques-unes semblent fondées. Si les réformes législatives introduites par voie budgétaire n'avaient pour but que de faire aboutir promptement des améliorations urgentes, ou longuement étudiées, impatiemment attendues et sur lesquelles l'accord des deux Chambres peut se faire aisément sans long débats, il serait superflu de chercher à justifier cette procédure qui rendra quelquefois au Pays de réels services. Peut-être ne serait-elle pas sans inconvénients ; ces inconvénients, en tous cas, seraient largement compensés par de plus grands avantages, et son emploi serait discret. Mais, dans la pratique, les réformes insérées dans les lois de finances, et celles surtout qu'on cherche à y insérer, ont trop souvent pour but non pas de perfectionner la législation, mais de seconder des desseins politiques gênés par les lois existantes, de tourner celles-ci, d'imposer au pouvoir exécutif la volonté du Parlement, d'assurer même la suprématie d'une Chambre sur l'autre.

Cette procédure résulte, — nous l'avons fait remarquer précédemment, — de la réunion ou mieux de la confusion de deux pouvoirs : le pouvoir de légiférer et le pouvoir de consentir l'impôt et d'autoriser les dépenses. Cette dernière fonction qui, normalement, devrait être l'apanage du pouvoir exécutif, a été confiée aux représentants directs de la nation pour mieux sauvegarder la liberté et la mettre à l'abri des surprises politiques. Le grand inconvénient de cette exception remarquable au principe de la séparation des pouvoirs est d'absorber une partie considérable du temps que les législateurs devraient consacrer à leur fonction principale, la confection des lois. Sous prétexte de faire des réformes, ils introduisent des règles dans la loi de finances ou suppriment des crédits sans se rendre compte du trouble que ces actes irréfléchis peuvent apporter dans la vie publique et dans la législation.

Une bonne méthode de travail exigerait, — c'est incontestable, — que le Parlement, *sans y être juridiquement contraint*, distinguât ces deux fonctions et les exerçât d'une manière distributive. Il donne, au contraire, à son rôle en matière de finances une importance telle que le temps lui fait défaut pour mener de front deux séries de travaux différents : le vote du Budget

apparaît comme le résultat et la sanction d'un examen
long et minutieux de tous les services publics, examen
qui se renouvelle chaque année et chaque année vient
absorber une notable partie des séances du Parlement.
Commencé dans les bureaux de chaque ministère qui
présente un projet partiel, cet examen est repris par la
commission du budget et par les sous-commissions qui
remanient le projet ministériel, et c'est enfin le projet
de la commission dont la discussion à la tribune permet aux membres du Parlement de demander compte
au ministres des moindres irrégularités qui leur sont
signalées.

Les multiples divisions adoptées pour l'examen des
services publics et la spécialisation des crédits facilitent
sans doute le contrôle, mais retardent la discussion.
Sous le Premier Empire, le budget voté en bloc ne pouvait pas donner lieu à de longues observations : il
conservait son véritable caractère d'acte de haute administration. Le pouvoir législatif n'avait pas assez d'indépendance pour chercher dans le jeu des crédits un
moyen d'imposer sa volonté. S'il pouvait insérer dans
la loi de finances des réformes fiscales, c'était sur l'initiative du Gouvernement ou d'accord avec lui. De
même, les services administratifs échappaient en fait au
contrôle du législateur qui n'aurait pas osé les modifier
ou les supprimer par voie budgétaire. Le pouvoir exécutif était assez fort pour ne pas tolérer une pareille
immixtion dans son domaine.

Le vote du budget acquiert, sous la Restauration, une influence beaucoup plus grande pour deux raisons principales. D'abord, l'Opposition, en présence d'un Gouvernement moins fort que sous le régime précédent, relève la tête et, ne pouvant poser des questions aux ministres ou leur adresser des interpellations, trouve dans la discussion de la loi de finances une excellente occasion d'exercer sa critique (1). D'autre part, les dépenses sont votées par ministère et cette division permet un contrôle plus étroit des actes du pouvoir exécutif Le Parlement multiplie ses observations et cherche à leur donner une sanction en modifiant les crédits ou en menaçant de les supprimer. L'évolution accomplie dans le rôle politique de la loi de finances se maintint sous la Monarchie de Juillet. Si elle perd quelque chose de son importance dans les premières années du Second Empire, les discussions politiques viennent de nouveau se greffer pendant la période libérale sur l'examen du Budget. — De nos jours, le Budget est discuté et voté par chapitre, et les chapitres deviennent de plus en plus nombreux à mesure que la critique parlementaire devient plus serrée et plus minutieuse, à mesure que le pouvoir exécutif se range davantage sous la dépendance du Parlement. Alors la loi de finances

---

(1) Il arrivait que la discussion « portait moins sur l'utilité du chiffre des crédits que sur le degré de confiance que méritait le ministère qui les demandait ». (Barthélemy : *L'Introduction du Régime parlementaire en France.*)

porte la sanction immédiate et logique des critiques, tantôt sous la forme de dispositions nouvelles incorporées dans le texte, tantôt sous la forme de modifications ou de suppressions de crédits. Tel est le point de départ de cette législation, en quelque sorte occasionnelle, qui prend naissance dans la loi du budget, législation dont la valeur juridique ne nous paraît nullement contestable, mais dont la formation est irrégulière et, le plus souvent, imparfaite. Telle est l'origine de ce développement exagéré de la loi de finances qui touche à tous les rouages des services publics et les règlemente sans tenir compte des lois existantes.

Certains défenseurs de cette méthode (dont les applications ne sont pas toutes critiquables), soutiennent même ce principe que la loi de finances est supérieure à toutes les autres lois, et que la législation en vigueur ne saurait gêner la liberté du Parlement en matière de finances : « J'ai entendu avec plaisir, disait M. Jaurès, dans la discussion de la loi militaire, M. le Président de la Commission du budget, rappeler à M. Jules Roche, *cette vérité primordiale de notre Constitution.* M. Jules Roche disait : « Vous ne pouvez pas toucher à la loi des cadres, à la loi de 1875. Si vous voulez y toucher, il faut que ce soit par une loi spéciale » ; et M. le Président de la Commission du budget répondait, avec raison, que s'il en était ainsi, le vote du budget ne serait plus qu'une formalité dérisoire, que, lorsqu'un crédit quelconque, même justifié par une loi organique est soumis à la Chambre, la Chambre en peut disposer souverainement, qu'elle peut en toute liberté ou l'adopter ou le repousser. » (1). Telle était aussi l'opinion de M. Rouvier : d'après lui, si la loi de finances était subordonnée à des lois préexistantes, elle n'était plus qu'un vain mot et il n'y avait plus de vote annuel du budget (2).

Bien que la Constitution française n'établisse aucune hiérarchie entre la loi de finances et les autres lois, comme semble le croire M. Jaurès, il est certain qu'au point de vue juridique cet orateur avait raison. Ce serait commettre un contre-sens de demander des crédits au Parlement, sous quelque prétexte que ce soit, si celui-ci ne pouvait en fixer le chiffre ou même les refuser. Mais il n'est pas moins vrai que la Constitution ne peut impliquer que toute la législation sera remise *tous les ans* en question à propos du budget. Ses auteurs ont pu compter « sur la raison et le bon sens » (3) du législateur pour écarter une méthode mauvaise, un procédé législatif défectueux qui tend à devenir la pratique constante du régime parlementaire (4).

On peut soutenir que les lois ordinaires, même les

(1) Chambre des députés. — Séance du 14 mars 1895. — *J. Off*. du 15.

(2) Chambre des députés. — Séance du 5 mars 1895. — *J. Off*. du 6

(3) Esmein — loc. cit.

(4) Cf. Discours de Jules Ferry au Sénat. — 21 mars 1885. — *J. Off*. du 22.

lois organiques, sont votées seulement sous cette condition tacite que les crédits nécessaires à leur exécution
seront accordés tous les ans par le pouvoir législatif.
Mais il est facile de répondre : Les crédits sont
demandés chaque année au Parlement pour assurer le
fonctionnement des lois existantes et non pour remettre
chaque année en discussion leur principe ou leur
rédaction ; ce n'est pas leur utilité, leur opportunité qui
est mise en question. Que la liberté du Parlement doive
rester entière, on ne songe pas à le contester ; mais
n'est-il pas raisonnable et correct que le Parlement
subordonne le vote des dépenses, qui est un acte administratif, à la loi elle même et assure le fonctionnement
normal des services établis par elle ?

La discussion du budget ainsi comprise serait-elle
« vain mot ? » Nullement. Le contrôle de l'emploi des
deniers publics, l'examen des actes du pouvoir exécutif
ne sauraient former une œuvre vaine et la responsabilité des ministres devant le Parlement est une sanction
effective. Les conditions d'application des lois, la pratique administrative peuvent motiver chaque année des
modifications dans le chiffre des crédits et justifier
l'examen annuel des dépenses sans qu'il soit nécessaire de suspendre ou d'abroger les lois. Sans doute, il
serait excessif de prétendre que dans aucun cas les
Chambres ne devraient supprimer un service public
reconnu inutile ou trop onéreux, suspendre, modifier
ou abroger une disposition législative par voie budgé-

taire (1) ; mais cette procédure devrait demeurer tout à
fait exceptionnelle, justifiée par des circonstances de
fait ou par des raisons économiques inéluctables. C'est
l'usage immodéré de cette procédure irrégulière qui est.
critiquable, c'est l'habitude qui tend à s'introduire au
Parlement de résoudre par voie budgétaire des pro-
blèmes législatifs complètement étrangers parfois à la
loi de finances, habitude qui entraîne une simplification
dangereuse dans la confection des lois.

On préconise quelquefois cette procédure comme le
seul moyen pratique d'accomplir de petites réformes
utiles alors que le législateur se montre impuissant à
réaliser des réformes profondes. « Ce n'est pas la bonne
volonté qui manque, dit M. Girault (2), c'est l'esprit de
suite... Quel parti reste-t-il donc dans ces conditions à
à tous ceux qui voudraient cependant faire quelque
chose d'utile ? Rechercher les améliorations de détail
susceptibles de tenir dans un amendement à la loi de
finances. Ce sont les seules réformes qui aient quelque
chance de réussir rapidement..... réformes modestes
qui, sans bruit, remédient à un inconvénient pratique,
suppriment un abus, bouchent une de ces mille fissures
par où passe le budget (3). » Mais il faut bien recon-

(1) Discours précité.
(2) Les petites réformes (*Revue politique et parlementaire* 1905,
p. 512).

(3) M. Camille Pelletan disait à la Chambre (16 mars 1895) : « Dans
ce pays où ce ne sont pas les vieux abus qui meurent de vieillesse,
..... ce sont les projets de réformes qui meurent de vieillesse devant

naître que ces petites réformes, en apparence insigni-
fiantes, n'ont pas toujours pour effet de mettre un
terme à la « vieillesse » des abus ou de boucher « les
fissures par où passe le budget ». Plus nombreuses
sont celles qui aggravent les charges publiques ; plus
nombreux encore sont les amendements et les propositions additionnelles — souvent écartées, heureusement
— qui semblent n'avoir d'autre but que de jeter quelque
éclat sur leurs auteurs ou sur leur parti à la veille du
renouvellement de la Chambre. D'ailleurs, le bénéfice
de ces petites réformes sera chèrement acquis si leur
discussion entraîne l'ajournement d'autres réformes
plus profondes dont le retard prolonge des souffrances
ou des injustices et peut engendrer des bouleverse-
ments.

L'irrégularité de la méthode apparaît comme singu-
lièrement grave et difficile à justifier lorsqu'elle a pour
but de faire plier les institutions régulières d'un pays en
vue d'obtenir un résultat politique que le jeu normal de

la porte à laquelle ils frappent si vainement depuis le commence-
ment du siècle. Disjoindre une mesure du budget, c'est lui ôter sa
meilleure chance d'échapper à la loi commune : cette date obligatoire de la loi de finances et ce terme inférieur qui, aiguillonnant
toutes les forces de l'inertie, met, d'une façon plus précise et plus
tangible, la Chambre en présence du premier des devoirs politiques,
le devoir d'aboutir, contraint les dissentiments de détail à s'effacer,
à s'incliner devant la pensée maîtresse et amène toutes les forces de
dispersion et d'avortement : antagonisme des deux Chambres, divisions de partis ou d'individus, à se faire les sacrifices nécessaires
pour arriver à un résultat. » (*J. Off.*, 17 mars 1895 — p. 972, col. 3).

la Constitution ne permettrait pas de poursuivre. L'incorrection de cette procédure se manifeste notamment
lorsque le pouvoir législatif se fait une arme de la loi
de finances pour forcer la main au pouvoir exécutif et
le contraindre à céder à ses volontés. Ce jugement n'est
point démenti par l'intention évidente des auteurs des
diverses Constitutions qui ont confié au pouvoir législatif l'autorité en matière budgétaire pour sauvegarder
les libertés publiques. C'est une arme défensive que les
auteurs de ces Constitutions ont entendu donner au
pouvoir et non pas un moyen de rompre l'équilibre des
institutions fondamentales de leur pays. La Constitution
française de 1875, en particulier, et la Constitution des
Etats-Unis ont été fondées par des représentants élus de
la nation. Ceux-ci, dûment avertis par les enseignements de l'histoire, ont eu la préoccupation de mettre
la souveraineté nationale en garde contre les empiète-
ments du pouvoir exécutif, dont ils ont, pour cette
raison, restreint le domaine en matière de finances. Ils
n'ont pas paru songer un seul instant que le pouvoir
législatif, qu'ils se réservaient à eux-mêmes et transmet-
traient à des successeurs élus comme eux, pourrait
chercher à son tour à rompre à son profit l'équilibre
entre les fractions de la souveraineté nationale. Ils n'ont
pas pensé que le Parlement, après avoir élaboré des lois
avec toute la réflexion, tous les calculs et toutes les
précautions qu'exige une œuvre aussi délicate, les
anéantirait d'un trait de plume ou en rendrait au moins

l'application impossible par une simple suppression de crédits. Si le pouvoir législatif se sert de cette arme pour un usage autre que la sauvegarde des libertés publiques, et en particulier pour acquérir dans l'administration un rôle que la Constitution ne lui attribue pas, il faut bien reconnaître qu'il commet une irrégularité manifeste qui, sans faire échec peut-être à aucune loi positive, n'engendre pas moins une certaine confusion des pouvoirs.

Le président des États-Unis Hayes condamnait énergiquement cette procédure dans un message adressé au Congrès en 1880 : « La nouvelle doctrine, écrivait-il, si elle devait se maintenir, aboutirait à consolider un pouvoir despotique et sans contrôle entre les mains de la Chambre des représentants. Une simple majorité de la Chambre deviendrait le Gouvernement lui-même. Le pouvoir exécutif ne serait plus ce que voulaient les auteurs de la Constitution, une branche égale et indépendante du Gouvernement (1) ».

On sait que le Parlement anglais a conquis, par ce moyen, le pouvoir législatif et l'influence prépondérante dont il jouit depuis plusieurs siècles. Les deux assemblées qui formèrent plus tard le Parlement, le *Magnum Concilium* composé des prélats et des barons, puis les représentants du clergé, des comtés des villes et des bourgs qui formaient les communes, ne possédaient

(1) Bryce : *La République Américaine*, t. I.

encore, au treizième siècle, que le droit de consentir
l'impôt et d'adresser des pétitions à la Couronne, signa-
lant au roi les abus et le priant de faire une loi nouvelle
dans le sens qu'ils désiraient. Dès le quatorzième siècle,
les Communes employèrent tous les moyens, notamment la menace de refuser les subsides, pour obliger la
Couronne à faire droit à leurs pétitions (1). Ces pétitions
prirent, au quinzième siècle, la forme de projets de lois
ou bills tout rédigés que le roi se voyait indirectement
obligé de sanctionner. Enfin, la « Déclaration des
Droits » de 1868, qui forme la grande Charte de l'Angleterre moderne, refusa expressément au roi le pouvoir
de suspendre les lois ou leur exécution (art. 1er), ainsi
que le pouvoir de dispenser des lois ou de leur application (art. 2). Le Parlement anglais a donc usé jusqu'à
l'abus de ses prérogatives en matière de finances pour
conquérir le droit exclusif de faire la loi. Mais on ne
saurait taxer d'illégale cette procédure des représentants
de la nation anglaise à une époque où le principe de la
séparation des pouvoirs n'était pas encore nettement
dégagé, dans un pays où les principes du Droit public
n'ont jamais été renfermés dans une Constitution écrite.
C'est encore « une règle aujourd'hui que les Communes
peuvent, à l'occasion du Budget, passer en revue la
marche des services publics (2) » et obliger la Couronne

(1) Cf. Esmein, op. cit. « Presque toute la législation du xive siècle
a pour fondement des pétitions du Parlement ».

(2) Jèze, op. cit., p. 93.

à proposer des bills de réformes avant le vote du
Budget. Le vieux principe est toujours en vigueur : « Le
redressement des griefs doit précéder le vote des
subsides ».

C'est aussi pour forcer la main au pouvoir exécutif
que le Congrès des Etats-Unis a parfois employé cette
méthode si énergiquement condamnée par le président
Hayes. On insérait dans un « bill d'appropriation » ou
loi de finances des « riders », dispositions spéciales qui
présentées seules n'auraient pas manqué d'être frappées
par le veto du président ; mais on espérait que celui-ci
n'oserait pas user de son droit de rejeter en bloc le
budget, mesure des plus graves, et qu'il se résignerait à
laisser passer les « riders ». Le stratagème réussit une
première fois en 1867 contre le président Johnson
auquel une disposition spéciale de « bill of appropriation » enlevait le commandement de l'armée pour le
transmettre au général Grant. Mais en 1879 deux nouvelles tentatives échouèrent devant la résistance du
président Hayes qui osa renvoyer les deux bills au
Congrès bien que son parti y fût en minorité. Il est
juste d'ajouter que cette pratique était regardée comme
irrégulière et incorrecte par ceux-là mêmes qui l'em-
ployaient.

Si le Parlement français a introduit fréquemment des
dispositions législatives dans le budget, ce n'était point
dans le but d'obliger le pouvoir exécutif à les accepter.
Notre régime parlementaire, qui en matière de légis-

lation donne au pouvoir exécutif un rôle assez effacé, dispensait les Chambres de recourir à ces moyens détournés. Le Parlement a pu refuser de voter le budget par défiance envers le ministre (1) ; mais ce refus constituait une application régulière du pouvoir financier des Chambres conforme au texte comme à l'esprit de la Constitution, et non un stratagème pour triompher de la résistance du pouvoir exécutif à la création d'une loi.

La législation par voie budgétaire a encore été employée comme un procédé tout à fait irrégulier et d'une incorrection calculée en Angleterre et aux Etats-Unis comme en France pour obliger l'une des deux Chambres à s'incliner devant la volonté de l'autre.

Nous avons vu plus haut (2) que la Constitution anglaise ne laisse à la Chambre des Lords que le droit d'accepter ou de rejeter en bloc le budget adopté par la Chambre des Communes sans pouvoir y introduire aucun amendement, tandis que l'accord des deux assemblées est indispensable pour la confection des lois ordinaires. La pratique des « riders » dans la loi des dépenses semblait donc tout indiquée à la Chambre populaire pour obliger la Haute Assemblée à laisser passer des dispositions législatives qu'elle eût très probablement refusées sans cet artifice. On pouvait penser que les Lords n'oseraient pas renvoyer le projet

(1) Notamment après le Seize-Mai, en 1877, et au cours de la lutte du Sénat contre le ministère Bourgeois, en 1896.
(2) P. 12.

relatif aux dépenses, établi en Angleterre à une époque
toujours si tardive, à cause des inconvénients que pourrait apporter un nouveau retard dans la marche des
des services publics. Les membres de la Chambre Haute
redouteraient les reproches de l'opinion publique : on
pourrait tirer parti de leur refus pour augmenter leur
impopularité et provoquer de nouvelles restric-
tions à leurs prérogatives et à leurs droits. On ne
saurait mettre en doute l'incorrection de ce procédé,
légal en lui-même, qui avait pour but de mettre la
Chambre des Lords dans l'alternative de subir la volonté
des Communes ou d'encourir la haine populaire. Cependant la Chambre des Lords qui avait déjà plusieurs fois
protesté contre ce stratagème prit, le 9 décembre 1902,
une résolution portant que « l'adjonction d'une clause
ou de clauses dans un bill d'aides ou subsides est anti-
parlementaire et tend à la destruction de la constitution
du Gouvernement ». Elle renvoya le bill et malgré la
résistance de la Chambre des Communes maintint
énergiquement sa décision. L'Assemblée populaire fut
obligée de s'incliner et ne renouvela plus sa tentative (1).

Aux Etats-Unis, où les deux assemblées qui composent le Congrès ont également le droit de voter des

---

(1) Ceci ne s'applique qu'au budget des dépenses, car nous avons
vu que le Gouvernement inscrit dans le budget des recettes (Finance
Act) exclusivement les dispositions d'ordre financier votées par les
Communes. Toutefois le Gouvernement a employé avec succès, en
1907, la procédure condamnée. (Cf. Jèze, loc. cit.).

amendements au budget (1), la même procédure de
législation par voie budgétai e a été employée tantôt
par la Chambre des représentants tantôt par le Sénat. Il
s'agissait toujours, en introduisant dans la loi de
finances une disposition que l'autre Chambre eût rejetée,
de rendre celle-ci responsable devant l'opinion publique
du désordre que le refus du budget pouvait apporter
dans l'Etat et de menacer ainsi sa popularité. Mais
aucune des deux assemblées n'a réussi, dans la grande
République, à établir par ce moyen sa prépondérance,
et chacune, devant la résistance de sa rivale, a dû aban-
donner à peu près complètement ce procédé.

Si le Parlement français, comme nous le disions à
l'instant, n'avait pas de raison bien sérieuse d'employer
le même subterfuge pour imposer sa volonté au pouvoir exécutif, la Chambre des Députés en a usé quelquefois pour faire passer des propositions de lois par surprise, malgré le Sénat ou tout au moins sans qu'il puisse
étudier la question à loisir et opposer un refus motivé.
Nous verrons même bientôt que c'est une tactique
recommandée par les adversaires de la seconde Chambre
qui voudraient par ce moyen amoindrir l'autorité du
Sénat, démontrer son inutilité pratique et rendre inévi-
table sa suppression On arriverait ainsi à prouver que
cette institution ne répond plus à nos mœurs politiques

(1) « Toute loi d'impôt, dit la Constitution, doit prendre naissance
dans la Chambre des représentants, mais le Sénat a le droit ue
l'amender comme toute autre loi ».

actuelles ; la réforme de la Constitution se ferait tout
naturellement, sans secousse, lorsque le prochain Congrès pourrait consacrer purement et simplement un état
de fait.

Nous savons que la Constitution de 1875 a donné au
Sénat les mêmes prérogatives qu'à la Chambre des
Députés, sous cette réserve que « les lois de finances
doivent être, en premier lieu, présentées à la Chambre
des Députés et votées par elle » (1). Malgré la clarté du
texte, on a beaucoup discuté et on discute encore les
pouvoirs financiers du Sénat que la Chambre a une tendance très marquée à assimiler à la Chambre des Lords.
On a copié, dit-on, la Constitution française sur le
régime anglais, et si la loi n'en dit rien, l'esprit de la
Constitution veut que le dernier mot reste à la Chambre
en matière de finances. Le Sénat a toujours repoussé
cette interprétation et réclamé (sauf la réserve précédente) les mêmes droits que l'autre assemblée

Il est inexact d'assimiler le Sénat français à la
Chambre des Lords, car il ne représente pas, comme
celle-ci, une aristocratie, c'est-à-dire une partie infime
de la nation. Son origine est aussi démocratique que
celle de la Chambre des députés, il est électif comme
elle, bien que sa formation soit soumise à une procédure différente, On pourrait, à cet égard, établir une

(1) Loi du 24 février 1875, art. 8.

comparaison beaucoup plus juste entre le Sénat français et celui des Etats-Unis de l'Amérique du Nord.
Pour justifier l'article 8 de la loi constitutionnelle du
24 février 1875 qui est une dérogation à l'égalité des
deux Chambres, certains en appellent à la connaissance
plus parfaite, chez les députés, de la situation économique du pays et des besoins du peuple puisqu'ils sont
élus directement par lui et voient leur mandat renouvelé plus souvent : raisons peu convaincantes si l'on
considère, d'une part, que malgré cette prétendue infé-
riorité du Sénat l'article 8 ne lui enlève pas le droit de
voter le budget et, d'autre part, que les députés ne pos-
sèdent pas des moyens de contrôler les services généraux qui ne soient également à la portée des sénateurs.
Les uns et les autres sont censés représenter la nation
entière et non leurs circonscriptions électorales. Les
intérêts régionaux et les intérêts locaux ont pour défenseurs naturels les conseils généraux et les conseils
municipaux, dont les plus graves décisions du moins
sont soumises au contrôle des deux assemblées parlementaires. Quant aux intérêts généraux, il faut bien
convenir qu'un sénateur pourra décider sur les affaires
intéressant le Nord avec autant de compétence qu'un
député du Midi, et réciproquement.

Néanmoins, on s'est efforcé de tirer de l'article 8 des
conséquences qu'il ne comporte pas. Ce système d'interprétation a été le point de départ d'une évolution que
favorisent les adversaires du Sénat et qui tendrait à

amoindrir progressivement, jusqu'à la ruiner, l'autorité
de la Haute Assemblée, d'abord dans le domaine des
finances, en matière de législation ensuite. La question
ne s'est pas présenté en France sous le même aspect
qu'en Angleterre. On pouvait contester à la Chambre
des Lords le droit de voter les lois de finances ou même
d'y apporter des amendements au nom de ce principe,
admis depuis des siècles par la nation anglaise, que les
impôts doivent être consentis par les représentants des
contribuables. Les Lords qui avaient dû céder sur ce
point ne conservaient d'autre prérogative en matière de
finances que de donner ou de refuser la sanction légale
au vote de la Chambre des Communes ; mais ils défen-
daient leur droit de légiférer lorsqu'ils s'opposaient à
l'introduction dans la loi de finances de dispositions
étrangères qu'il ne leur était pas permis d'amender.

En France, on ne pouvait invoquer le même principe
pour refuser au Sénat le droit de consentir l'impôt,
puisqu'il est, lui aussi, le représentant des contribuables ; on lui a contesté seulement, par interprétation
de l'article 8, le droit de voter des impôts ou des
dépenses qui n'auraient pas été préalablement acceptés
par la Chambre et, par extension, le droit d'augmenter
les chiffres fixés par elle. Bien que la pratique parlementaire tende, en fait, à restreindre le rôle et l'importance du Sénat, même en matière de législation ordinaire, on ne lui a jamais contesté son droit de légiférer.
Bien au contraire, M. Dauphin rappelait au Sénat, en

1885 (1), que Gambetta, le défenseur ardent de la suprématie de la Chambre des députés en matière de finances, distinguait avec soin des dispositions de loi qui sont annexées au budget celles qui ont « un caractère permanent dont les effets se prolongent au-delà des budgets jusqu'à ce qu'elles aient été abrogées formellement par d'autres dispositions législatives ». « Là nous reconnaissons, disait-il, que le Sénat use de son droit en matière d'initiative en révisant, en rétablissant, en substituant d'autres rédactions à celles que vous aviez expédiées..... » Jules Ferry, président du Conseil, s'appliquait à écarter tout soupçon d'hostilité à l'égard des pouvoirs législatifs du Sénat lorsqu'il déposait (2) le projet de revision des lois constitutionnelles et notamment de l'article 8 : « Craint-on, disait-il, que la Chambre des députés n'abuse de son « dernier mot » et que, sous la forme de réduction de crédits, elle n'abroge des institutions établies par les lois et que des lois débattues et votées dans la forme ordinaire doivent seules pouvoir abolir et réglementer ? C'est là, en effet, une objection sérieuse ; mais il ne nous paraît pas impossible de déterminer avec quelque précision les dépenses et les traitements afférents à certains services constitués par des lois organiques et qui ne sauraient être modifiés que par l'accord des deux Chambres. »

(1) Séance du 20 mars. — J. Off. du 21.
(2) 24 mai 1884.

En réalité, cette distinction n'a jamais fait l'objet d'une proposition de loi, elle n'a jamais été inscrite dans un projet de réforme constitutionnelle ; elle serait, à notre avis, beaucoup plus difficile à déterminer et surtout à mettre en pratique que Jules Ferry paraît le croire. Jusqu'ici, le Sénat semble avoir eu le souci d'éviter qu'une discussion théorique s'élevât entre les deux Chambres, sur leurs droits respectifs, tant au point de vue financier qu'au point de vue législatif. Néanmoins, la Commission des finances exprimait certainement l'opinion du Sénat lorsqu'elle manifestait le désir de voir l'une des deux Chambres s'incliner devant la volonté de l'autre toutes les fois que celle-ci insistait pour obtenir « la suppression ou la réduction de crédits appartenant uniquement au domaine financier et n'assurant pas l'exécution d'une loi spéciale ». Elle entendait aussi réserver la complète indépendance et la pleine liberté des deux assemblées en matière de législation quand elle formulait ce vœu que, lorsque l'une d'elles « invoquant son pouvoir législatif résiste à la suppression ou à une diminution équivalente à la suppression de crédits » nécessaires à l'exécution d'une loi, « l'autre Chambre ne cherchât pas à la contraindre, par des renvois successifs du budget, à des abrogations que chacune d'elles aurait le droit de refuser si elle en était saisie par un projet de loi (1). »

(1) Rapport de M. Dauphin. — Cf Sirey, 1885, IV, p. 7.7.

Ainsi le Sénat chercherait à écarter toute discussion irritante sur les principes ; mais il voudrait introduire dans les rapports entre les deux fractions du Parlement une jurisprudence en désaccord avec les tendances de la Chambre des Députés. Ce n'est pas, en effet, en s'efforçant de faire triompher des principes de Droit parlementaire que celle-ci parvient à affaiblir l'influence du Sénat ; c'est « au nom d'un entêtement plus obstiné » (1), en rétablissant constamment dans le projet de loi de finances les crédits supprimés par le Sénat ou les dispositions permanentes écartées par lui, ou en maintenant la suppression de crédits nécessaires à l'exécution de lois et rétablis par la Haute Assemblée. Le budget discuté pendant des mois à la Chambre, voté en une lecture, est renvoyé d'une assemblée à l'autre jusqu'à ce que l'une d'elles, ordinairement le Sénat, cède en maugréant, par sagesse, pour éviter un conflit, par patriotisme pour épargner au pays le trouble que peut apporter dans les services publics l'absence de budget. La loi de finances est transmise au Sénat quelques jours seulement avant l'époque où sa mise à exécution s'impose, trop souvent même en cours d'exercice, plusieurs douzièmes provisoires étant venus assurer la continuité des services administratifs. Le Sénat ne disposant que de quelques jours pour accomplir le travail que la Chambre des

(2) Discours de M. Berthelot à la Chambre. 15 mars 1900, *J. Off.* du 16.

Députés n'a pu achever qu'en plusieurs mois, on
escompte l'insuffisance de ce délai pour glisser dans la
loi de finances des dispositions qui auront quelque
chance de passer inaperçues alors qu'un examen attentif
les exposerait à un échec. On espère que le Sénat, pour
ne pas retarder le vote définitif du budget, n'osera pas
modifier les chiffres proposés par la Chambre et com-
promettre un équilibre péniblement édifié, qu'il accep-
tera en un mot les yeux fermés des réformes qu'il n'a
pas le loisir de discuter (1).

Si le Sénat prend l'habitude de n'apporter à la loi de
finances qu'un examen de plus en plus rapide et super-
ficiel, tandis que la Chambre y introduit des réformes
de plus en plus nombreuses et importantes, les décisions du Sénat perdront progressivement leur autorité ;
le vote du budget et des lois qu'il renferme par la
seconde Chambre ne deviendra bientôt qu'une simple
formalité dont l'inutilité n'échappera à personne. On
s'acheminera insensiblement vers la suppression du
Sénat qu'on regardera comme une institution onéreuse
dont on pourrait facilement se passer. Les principes de
notre droit constitutionnel sont sauvegardés, au moins en
apparence ; mais le Sénat subit, du fait de la Chambre,

(1) C'est ainsi que la Chambre discuta en 1902 une loi sur l'amélioration des rivières, canaux et constructions nouvelles de voies
navigables, et, escomptant le vote favorable du Sénat, inscrit au
budget des crédits pour augmenter en conséquence le nombre des
conducteurs et commis des Ponts-et-Chaussées. Mais le Sénat écarta
le projet et rejeta les crédits. 20 février 1902.

une pression qui fausse le fonctionnement de nos institutions. M. Rouvier, président du Conseil, le déclarait
nettement à la Chambre en 1906 (1) : « .... on fausserait,
dit-il, le régime constitutionnel en usant jusqu'à l'abus
du système qui consiste à introduire dans la loi de
finances des dispositions qui ne sont pas inhérentes à
cette loi. Il devient manifeste à tous les yeux que ce que
l'on cherche. c'est moins la solution rapide des questions que la Chambre a à examiner qu'une procédure
tendant à contraindre le Sénat à subir une pression
inconstitutionnelle ». Le Sénat ne s'y est pas trompé.
Plusieurs fois il a protesté avec énergie contre ces
manœuvres. En 1901, le président de la Commission des
finances, critiquant l'introduction de dispositions permanentes dans un projet relatif à des douzièmes provisoires, reprochait au ministre des finances de « confis-
quer... le droit de discussion du Sénat ». En 1900 et en
1906 les rapporteurs protestaient également dans leur
rapport contre le retard apporté par la Chambre dans le
vote du budget, retard qui paralysait trop souvent
l'action du Sénat et portait atteinte à sa dignité et à ses
droits, contre l'introduction de dispositions générales et
permanentes dans des lois de douzièmes provisoires
qui, par leur nature même, comportent un vote d'urgence et écartent toute étude approfondie (2).

(1) Séance du 28 février. *J. Off.* 1ᵉʳ mars.
(2) Le 20 décembre 1900, le président de la Commission des
finances, M. Magnien disait : « La majorité de la Commission, con-

Le Sénat a quelquefois résisté plus énergiquement
encore en prononçant la disjonction des dispositions
introduites par la Chambre dans le budget (1) ou en
rétablissant des crédits supprimés par la Chambre,
crédits nécessaires à l'exécution d'une loi non abrogée (2) ; mais cette politique est en quelque sorte
intermittente. On pourrait citer des exemples bien
plus nombreux où le Sénat s'est incliné devant l'obsti-
nation de la Chambre. Le problème des droits du
Sénat, soit au point de vue budgétaire soit en matière

sidérant que le temps matériel lui manque absolument pour discuter,
a décidé et m'a chargé de demander au Sénat de voter le projet tel
qu'il a été adopté par la Chambre dans sa séance d'hier. Elle m'a
chargé en même temps de faire certaines réserves... Si jamais circonstance semblable se présentait dans l'avenir, qu'on ne puisse pas
invoquer un précédent contre la théorie qu'elle a soutenue, à savoir
qu'on ne doit faire figurer dans un douzième provisoire que des
crédits portés à l'exercice précédent et préalablement votés par les
deux Chambres... Si pareil fait se renouvelait dans l'avenir, la minorité se verrait réduite au silence et le Sénat lui-même la liberté de
ses discussions et l'indépendance de ses actes absolument compro-
mises » (J. Off. du 21).

En 1906, M. Milliès-Lacroix écrivait dans son rapport : « La
Chambre nous a envoyé le budget à la dernière heure, nous accu-
lant ainsi à une impasse où, n'ayant plus la liberté de nous mou-
voir, nous avons été trop souvent contraints de céder, de nous incliner, non sans protester sans doute au nom de notre dignité et de
nos droits méconnus, mais avec une tristesse résignée pour éviter
le danger de certaines éventualités, dussent parfois les finances en
souffrir ».

(1) Par exemple, les dispositions relatives aux bouilleurs de cru et
à la réforme postale en 1906. Il est vrai que le Sénat s'empressa de
les voter dans des textes séparés (1906).

(2) Ainsi les crédits relatifs au Chapitre de Saint-Denis, aux
Bourses des séminaires, aux Facultés de théologie catholique en 1885,

de législation, est posé de nouveau, périodiquement, à propos du budget ; mais le conflit se résout ordinairement par des accords dictés par le bon sens et qui réservent les droits de chaque assemblée.

Nous ne parlerons pas des propositions tendant à la suppression du Sénat ; mais nous devons signaler la proposition de M. Jaurès de supprimer les crédits relatifs aux services administratifs du Sénat. C'est l'attaque la plus directe contre la Haute Assemblée qui ait été entreprise par voie budgétaire. L'auteur ne cachait pas son intention de rendre impossible le fonctionnement de la seconde Chambre et de provoquer ainsi indirectement sa suppression puisque les lois constitutionnelles ne lui permettaient pas de l'obtenir par voie de proposition ou d'amendement : « Notre principal ou, à vrai dire, notre objectif véritable n'est pas de supprimer le traitement ou l'indemnité des sénateurs. Ce n'est là qu'une conséquence tout à fait secondaire ; ce que nous voulons surtout atteindre, c'est la dotation budgétaire des services administratifs du Sénat..., ce que nous voulons, ce n'est pas supprimer par le budget l'existence légale du Sénat..., ce serait une thèse inconstitutionnelle..., ce que nous demandons de supprimer, c'est l'existence budgétaire du Sénat » (1). Cette motion fut rejetée par la Chambre. Si elle eût été votée, la question de l'existence même de la seconde Chambre

(1) Séance du 14 mars 1895. J. *Off.* du 15.

eût été soulevée par voie budgétaire ; mais elle ne peut
être résolue que par une révision des lois constitutionnelles

Nous avons ainsi vu comment la loi de finances peut
servir les desseins politiques les plus variés et comment
ses dispositions, tout en gardant un caractère juridique
irréprochable, peuvent fausser les institutions du pays
et préparer des changements inattendus dans la Constitution. Il nous reste à examiner quels avantages peuvent présenter au point de vue de la législation les
réformes par voie budgétaire et quels inconvénients
peuvent en résulter dans la pratique.

CHAPITRE IV

DES AVANTAGES ET DES INCONVÉNIENTS DE LA LÉGISLATION
PAR VOIE BUDGÉTAIRE

L'étude jusqu'à présent poursuivie de la législation par voie budgétaire nous a montré comment cette procédure, légale en soi, pouvait entraîner des conséquences très graves et tout à fait inattendues au point de vue du fonctionnement des services publics, et comment aussi elle tendait à fausser le mécanisme du régime parlementaire en créant une certaine confusion des pouvoirs. Nous savons notamment que certaines assemblées législatives ont prétendu se servir de ce moyen pour s'arroger un pouvoir et une influence qu'elles ne tenaient pas de la Constitution. Quelques hommes politiques ont même pensé que cette tactique favoriserait une évolution dans les usages parlementaires assez puissante pour entraîner la réforme des lois constitutionnelles beaucoup plus sûrement que des propositions directes de revision. Néanmoins, ce stratagème a échoué jusqu'ici, aussi bien en France que dans les pays anglo-saxons où l'on en avait fait usage.

Il nous reste à examiner maintenant la valeur pratique de cette procédure, non plus comme instrument de lutte entre les différents pouvoirs, mais en tant que méthode de travail employée d'un commun accord par le pouvoir exécutif et les deux Chambres. Sauf de rares exceptions, c'est sous ce dernier aspect que la législation par voie budgétaire a été introduite soit par ceux qui n'avaient en vue que ses avantages pratiques et immédiats, soit par ceux-là mêmes qui voulaient la faire servir à des desseins politiques plus éloignés.

Les partisans de cette méthode n'ont jamais prétendu ouvertement la substituer à la méthode ordinaire du Parlement : ils n'ont jamais demandé à remplacer celle-ci par l'élaboration d'une seule loi, la loi du Budget, dans laquelle passeraient toutes les lois. Ils ne contestent pas que les grandes lois organiques qui régissent les principales institutions du pays, comme la guerre, la marine, l'organisation judiciaire, ou celles qui réglementent les rapports des particuliers entre eux, comme le Droit civil, les lois relatives au travail, doivent faire l'objet d'études approfondies, de discussions étendues dans les Chambres, de textes spéciaux distincts de la loi de finances. En proposant d'introduire des réformes dans le budget, ils ont voulu seulement, soit par de courtes adjonctions, soit par des modifications de crédits, opérer des améliorations très modestes sur lesquelles tout le monde pouvait assurément se mettre d'accord. Mais, comme il est impossible de fixer des limites en pareille matière, les applications de cette méthode devaient nécessairement s'étendre :

après des modifications de crédits entraînant les conséquences les plus graves au point de vue de la marche
des services publics, ce furent des réformes plus importantes et même, nous l'avons vu, maintes propositions
de réformes capitales dont nous ne citerons que quelques-unes : refonte de notre régime fiscal, établissement de l'impôt sur le revenu, réorganisation de la
justice, du régime des Cultes, des cadres de l'Instruction
publique ou de l'administration départementale.

Cependant cette procédure, même ramenée à de plus
justes proportions et maintenue dans un champ d'application plus restreint, a trouvé des défenseurs aussi
convaincus que des adversaires déterminés. On a surtout invoqué en sa faveur son caractère pratique, sa
simplicité et sa rapidité. Nombre d'améliorations
modestes ont été réalisées par la loi de finances qui
n'auraient pu aboutir en suivant la procédure ordinaire : les unes parce qu'elles n'auraient jamais pu
être inscrites en rang utile à l'ordre du jour de l'une ou
l'autre Chambre, les autres parce qu'elles n'auraient
sans doute jamais retenu l'attention du législateur si
elles n'avaient été provoquées par la recherche toujours
active d'économies possibles dans un budget sans cesse
grossissant. Elles ne sont pas à dédaigner, ces réformes
modestes qu'on peut opérer ainsi sans grand apparat.
L'étude du Budget donne l'occasion de couper court à
une foule de petits abus qui s'introduisent sans bruit
dans l'administration, s'y installent et s'y développent,

soit qu'ils aient tout d'abord échappé à la vigilance du
Pouvoir, soit qu'ils aient bénéficié dès l'origine d'une
tolérance imprudente qui s'est perpétuée. On s'aperçoit
enfin que leur extension gêne le fonctionnement des
services et grève le Trésor d'une dépense inutile. Combien de crédits non justifiés continueraient à être
inscrits et feraient peut-être double emploi dans le
budget d'un ministère si l'étude d'ensemble de ce ministère ne permettait à la Commission du budget de découvrir l'abus et de le faire disparaître ! Ces petites
réformes, peu importantes mais répétées, ménagent les
finances de l'Etat et empêchent des abus plus graves de
se glisser dans les services publics ; et pour les réaliser,
il n'est besoin ni de rapports ni de longs discours : on
peut y parvenir par la simple modification ou la suppression d'un crédit.

Cette méthode, dit-on, permet encore d'amorcer des
réformes plus vastes, d'une utilité incontestée et depuis
longtemps attendues, mais que l'écrasant labeur du
Parlement interdit d'aborder de front. C'est ainsi que la
loi du 18 avril 1906 est le point de départ de la réforme
sur le recrutement de la magistrature (1). Toutes les
lois du Budget votées depuis cinq ou six ans ont pré-
paré la loi sur les retraites ouvrières en fixant les droits
à la retraite d'un grand nombre d'employés de l'Etat ou

(1) Art. 38.

des ouvriers et sous-agents au service de l'Etat (1). La réforme des traitements des fonctionnaires de l'Enseignement à tous les degrés a été opérée par les lois de finances après enquêtes et projets de commissions extraparlementaires (2).

On invoque encore, en faveur des réformes par voie budgétaire, la connexité qui existe le plus souvent entre ces réformes et le budget lui-même. Il y en a peu qui n'aient une répercussion plus ou moins directe sur les finances de l'Etat. N'est-ce pas en étudiant le budget que le législateur pourra mieux se rendre compte de l'opportunité, de la mesure de telle ou telle réforme ? N'est-ce pas la meilleure occasion pour le Parlement de « corriger en discutant les divers budgets les erreurs qu'il condamne » ? La discussion du budget « ouvre un vaste champ pour poursuivre la réforme de tous les abus qui peuvent se produire dans nos administrations (3). »

Qu'en cas d'urgence on ait opéré d'heureuses réformes par voie budgétaire ou que ces réformes aient eu pour objet de couper court aux abus qui menaçaient de s'éterniser, on peut aisément en convenir. Mais on ne saurait prétendre que ces avantages pratiques seraient

(1) V. notamment LL. 23 avril 1905, art. 38, 30 janvier 1907, 31 décembre 1907, 8 avril 1910.

(2) L. 23 avril 1905, art. 49 53, L. 18 avril 1906, art. 19 et 50, L. 30 janvier 1907.

(3) Rapport de M. Du Périer de Larsan au nom de la Commission du Règlement (22 février 1905).

suffisants pour justifier l'extension de cette procédure, et il est permis de se demander si les inconvénients qu'elle présente ne dépassent pas de beaucoup les bénéfices à en retirer (1).

Or, ces inconvénients sont de deux sortes : les uns frappent l'ensemble de la législation qu'on veut réformer ; les autres ont trait au vote même du budget.

1. — On déplore avec juste raison, à notre avis, l'incohérence qui préside aux réformes par voie budgétaire. Tous les services publics, toutes les questions de droit fiscal, civil, administratif, commercial, industriel, agricole, social, sont effleurées tour à tour. La même question est reprise dans plusieurs lois de finances successives et donne lieu à des dispositions disparates qui ne s'harmonisent pas toujours très bien et seront modifiées plus tard par d'autres lois de finances. Ainsi les réformes concernant les traitements des fonctionnaires de l'Enseignement, dont nous parlions tout à l'heure, figurent partiellement dans presque toutes les lois de finances de ces dernières années. La réforme des droits de succession figure dans les lois de finances de 1901, de 1902, de 1910. L'organisation du Conseil d'Etat et la procédure à employer sont modifiées dans les lois du budget de 1900, 1906, 1907, 1910. Presque tous les ans

(1) Il ne s'agit ici que des inconvénients pratiques n'altérant en rien les rapports des pouvoirs publics ou le mécanisme de la Constitution. Nous avons examiné précédemment l'autre face de la question.

aussi varient les tableaux ou les dispositions de la loi de 1853 sur les retraites civiles. Nous passons sous silence les innombrables textes d'intérêt financier, — les moins déplacés peut-être ; — encore faudrait-il s'abstenir de faire rentrer dans cette catégorie toutes les lois qui n'intéressent qu'indirectement les finances de l'Etat et, en aucune manière, le budget (1).

Ces retouches incessantes d'un même point de la législation proviennent moins de changements des nécessités économiques que de la légèreté, du manque de réflexion avec lesquels ces réformes sont adoptées. La plupart ne sont pas suffisamment étudiées, suffisam-

(1) Ainsi. au cours de la discussion du budget de 1898, M. Bérard proposa d'insérer un article additionnel pour autoriser la remise en eau des marais desséchés du département de l'Ain. Dans un rapport spécial, au nom de la Commission du Budget, M. Guillain essayait de justifier l'adoption de cet article par de véritables sophismes : « Il s'agit, disait-il.. , 1º de permettre éventuellement, dans l'intérêt de l'Agriculture et en prenant toutes les précautions nécessaires à la salubrité, la remise en eau d'étangs dont le desséchement a été opéré, il y a trente ans, au moyen de subventions de l'Etat ; 2º de donner cette permission gratuitement sans exiger la restitution totale ou partielle des subventions. Il semble à la Commission qu'une disposition générale ayant pour effet la remise gracieuse d'une obligation onéreuse contractée envers l'Etat peut sans inconvénient trouver place dans la loi de finances » (J. Off. février 1898). — La disjonction fut prononcée au Sénat sur cette remarque très judicieuse du rapporteur M. Morel : « Si on introduisait dans la loi de finances des dispositions qui lui sont absolument étrangères, on arriverait à y faire entrer tous les projets qui sont en discussion. Ils aboutiraient peut-être plus vite ; mais l'étude qui pourrait en être faite ne serait ni assez complète ni faite avec assez de compétence. et on arriverait, en tout cas, à prolonger tellement la discussion de la loi de finances déjà si tardive que le budget ne serait voté qu'au milieu de l'année ». (Séances des 4 et 6 avril 1898).

ment mûries. Elles sont souvent votées par surprise à la suite d'amendements irréfléchis, surtout dans les budgets qui marquent la fin d'une législature. On vote avec précipitation pour en finir au plus tôt ou par lassitude pour éviter d'éterniser une discussion : « Le budget dit M. Saleilles, est devenu le lieu géométrique de toutes les réformes que l'on veut faire passer par surprise » (1).

Ajoutons que cette législation manque d'ordre. Quand même on arriverait péniblement à bien coordonner tous ces textes, leur classement est défectueux : on ne sait où les retrouver et l'inconvénient peut être grave dans la pratique, car il expose à des erreurs et à des oublis très préjudiciables ceux qui ont besoin de connaître ces dispositions et de les appliquer. C'est pour remédier à ces inconvénients dont nous apprécions mal la gravité aujourd'hui que Napoléon avait fait codifier les lois, et c'est sans doute l'extrême utilité de cette œuvre qui l'a fait regarder comme l'une des plus durables de son règne. « S'il est du devoir du législateur de faire de bonnes lois il est également tenu de les classer convenablement » (2).

Les modifications législatives par voie budgétaire ont encore le défaut de n'être soumises que dans la mesure minima à la discussion : elles ne seront pas l'objet d'une seconde lecture puisque la loi du budget est une loi votée « d'urgence ». Comme elles occupent une place

_____

(1) *Revue Internationale de l'Enseignement.* 15 janvier 1911, p. 11.
(2) Duvergier xxxvi n. 1. p. 262.

infime dans l'ensemble de la loi, elles ne retiendront guère l'attention du législateur, ou, si elles font l'objet d'un examen, c'est surtout le côté financier qu'on retiendra ; on perdra facilement de vue les autres considérations qui pouvaient justifier un sacrifice d'argent. C'est sur l'importance du crédit nécessaire qu'on discutera ; mais on ne tiendra pas assez compte du caractère moral, social ou politique de la loi qu'il s'agit de modifier.

Cette méthode encourt, au point de vue pratique, un autre reproche plus sérieux, analogue à celui que nous avons exposé dans le chapitre précédent : c'est de créer une confusion, non plus de pouvoirs, mais d'attributions entre les commissions des assemblées législatives. Cette confusion se manifeste notamment à la Chambre des Députés. L'article 24 du Règlement détermine la compétence de la Commission du budget. Celle-ci, dit M. Eugène Pierre (1) « a une compétence générale en matière de finances .., elle peut être déclarée compétente pour examiner les lois de principe auxquelles sont liés des crédits... ». « Toute commission spéciale chargée de l'examen d'un projet ou d'une proposition affectant les recettes ou les dépenses de l'Etat » est tenue de transmettre ses conclusions, si elles sont favorables, à la Commission du budget. Mais il n'y a pas lieu de lui communiquer les projets ou propositions de lois

(1) Op. cit., nº 772.

qui, sans affecter spécialement les recettes ou les
dépenses, « entraînent simplement la prévision de
charges annuelles dont les Chambres auront à déterminer plus tard le montant ainsi que les voies et
moyens ». Or l'exécution de la plupart des lois entraîne
des dépenses et, sous ce prétexte, la Commission du
budget a toujours montré une tendance très marquée à
étendre ses attributions. En 1888, M. Yves Guyot reven-
diquait à son profit le droit d'initiative en matière de
finances et rappelait à l'appui de sa thèse que dès 1872
M. Casimir Périer avait proposé au nom de la Commission du budget l'établissement de l'impôt sur le
revenu (1).

La Commission du Budget n'a pas seulement usé du
droit d'initiative qui appartient à chaque membre du

(1) « Il semblerait, en vérité..., qu'une Commission du budget, au
point de vue des recettes, devrait être tout simplement une commission d'Enregistrement qui devrait constater l'équilibre, vérifier les
chapitres officiels que lui donne la comptabilité publique, et admettre
les prévisions qui lui sont apportées. Mais nous avons d'illustres
exemples qui prouvent que jamais les Commissions du budget n'ont
ainsi compris leur rôle. J'invoquerai le rapport de M. Casimir
Périer, de 1872, dans lequel, au nom de la Commission du budget
nommée à cette époque, il proposait l'application de l'impôt sur le
revenu. Etait-ce donc d'accord avec M. Thiers? Est-ce que
M. Casimir Périer et la majorité de la Commission qu'il représen-
tait n'ont pas fait œuvre d'initiative et d'une large initiative? J'invoquerai encore un autre exemple : La Commission du budget dont
Gambetta était président proposa également un large projet d'impôt
sur le revenu. Est-ce que jamais ceux qui critiquent l'œuvre de la
Commission actuelle ont reproché à Gambetta d'avoir proposé cette
réforme ? »
(Séance du 2 février 1888. J. Off. du 3).

Parlement. Elle est même entrée parfois en conflit avec
d'autres commissions spéciales saisies de projets ou de
propositions de lois qu'elle prétendait rapporter elle-
même sans tenir compte de leurs travaux. Il y eut des
protestations véhémentes de la part des autres commissions, de la part de la commission de la réforme judiciaire et de la commission de l'agriculture notamment (1). Maintes fois la réforme de l'organisation
judiciaire avait été soulevée par la Commission du
Budget et discutée à la Chambre : en 1882, 1886, 1887,
1888 (2). La Commission du Budget de 1896 voulut faire
discuter une proposition relative à la réorganisation
des justices de paix qui différait sensiblement de la
proposition adoptée par une commission spéciale
nommée dans le courant de la législature pour étudier
la question. Or, la commission spéciale n'avait pu faire
inscrire sa proposition à l'ordre du jour ; seule celle de
la Commission du Budget avait pu venir en discussion.
M. Pourquery de Boisserin s'éleva énergiquement contre
cette procédure (3) et déposa une motion tendant à

(1) Cf. Séance de la Chambre du 25 novembre 1895. (J. Off. du 26

(2) Rapport de M. Antoine Perrier sur le Budget de la Justice. —
Cf. Dalloz 1896, IVᵉ partie.

(3) « La Commission du Budget, dit-il, a empiété cette année sur
toutes les commissions qui ont mandat spécial de s'occuper des
projets de loi déposés par le Gouvernement ou par un de nous. Elle
menace l'armée d'une réduction d'effectifs malgré la loi de 1875...,
elle paraît oublier les études et les rapports déposés par la commission de l'organisation judiciaire... Il me paraît difficile qu'une com-
sion du Budget, même composée d'hommes aussi éminents que ceux

interdire à la Commission du Budget de porter atteinte,
« sous le couvert de réformes budgétaires, aux lois
organiques de l'armée, de la marine et de la magistrature ». Ce ne sont pas seulement ces lois organiques qui
devraient échapper à la Commission du Budget ; en
réalité, celle-ci ne devrait pas s'occuper de questions
étrangères au Budget même ; *a fortiori*, devrait-elle
s'abstenir de toucher à des questions déjà étudiées,
peut-être même rapportées par des commissions spéciales nommées dans ce but. Non seulement cette ingé-
rance de la Commission du Budget dans toutes les
branches de la législation crée, comme nous l'avons
dit, une véritable confusion d'attributions ; mais elle
prive la Chambre de toutes les garanties d'information
et de compétence sur lesquelles elle est en droit de
compter en nommant des commissions spéciales pour
étudier certaines questions. La Commission du Budget
n'a pas les loisirs indispensables pour approfondir
l'étude des réformes de quelque importance. Elle ne se
compose pas d'hommes également compétents sur
toutes les matières qu'elle prétend traiter. C'est ce que
Jules Simon a parfaitement mis en lumière lorsqu'il dit
à la tribune du Sénat (1) : « Je trouve qu'il y a quelque
chose d'exorbitant dans cette pensée qu'une commission

qui la composent..., puisse à elle seule suffire avantageusement pour
le pays à une aussi considérable besogne, à de si diverses et à de si
compliquées études ». (Séance du 6 décembre 1895. J Off. du 7.)

(1) Séance du 20 mars 1885. (J. Off. du 21.)

instituée uniquement pour étudier les matières financières va juger définitivement les matières les plus
étrangères à la finance. Car, enfin, quand on nomme
une commission, on s'efforce de nommer des gens
connaissant la chose pour laquelle la commission est
instituée... Il serait absurde que nous nommions sur
un sujet déterminé une commission composée de gens
spéciaux, parfaitement capables, nourris de la matière,
qui viennent nous donner leurs conclusions, et qu'à
côté il y ait une Commission du Budget qui en donne
d'autres et qui renverse tout ce qui a été fait... Et si l'on
en vient à considérer ainsi la Commission du Budget,
... elle devient un Comité directeur de l'assemblée... Il
faut renfermer chaque commission dans ses attributions .. Voilà la vérité, évidemment »

II. — Considérons maintenant le vote du Budget lui-
même, qui devrait être la principale, l'unique préoccupation du Parlement pour cette double raison que le
Budget doit être voté avant l'ouverture de son exercice
et qu'en cherchant à l'établir les Chambres font plutôt
un acte d'administration et de contrôle qu'une œuvre
législative.

La clarté du budget est troublée par toutes les
réformes qu'on essaye d'y introduire. A chaque instant,
l'étude des services publics, de la loi de finances, de
l'équilibre budgétaire est suspendue en quelque sorte
par la discussion de textes législatifs qui n'ont rien à
voir avec le Budget. N'est-il pas vraiment paradoxal, en

effet, de vouloir faire rentrer dans loi de finances des
réformes concernant le Conseil d'Etat (1), l'organisation
des Cours d'assises (2), la substitution aux Conseils de
guerre de la Cour de Cassation (3), sous prétexte que les
magistrats de ces tribunaux sont payés sur le Budget ?
Les textes concernant les droits des veuves de fonctionnaires et d'ouvriers de l'Etat (4) ou le cautionnement
mutuel des comptables (5) n'intéressent pas directement le Budget ; non plus que l'aptitude des surnumé-
raires ou élèves des écoles professionnelles et commer-
ciales à une pension de retraite (6), bien que les finances
de l'Etat puissent être indirectement engagées par ces
modifications. Mais n'est-ce pas perdre complètement
de vue la question budgétaire que de discuter et d'insérer dans la loi de finances des dispositions tendant à
réglementer les brevets d'invention (7) ou le contrat de
louage d'ouvrage (8) ou le recrutement des employés des
Préfectures et Sous-Préfectures (9). Le texte du Budget
manque d'ordre : ses dispositions ne correspondent plus
aux chapitres des tableaux annexes qu'elles devraient
expliquer. Il est malaisé de rechercher dans les travaux

(1) Loi du 13 avril 1900, art. 24. — Loi du 8 avril 1910, art. 96 et s
(2) Loi du 25 février 1901, art. 38.
(3) Loi du 17 avril 1906, art. 44,
(4) Loi du 17 avril 1906, art. 31.
(5) Loi du 26 décembre 1908, art. 41.
(6) Loi du 8 avril 1910, art. 85 et 91.
(7) Loi du 26 décembre 1908, art. 58.
(8) Loi du 26 décembre 1908, art. 59,
(9) Loi du 8 avril 1910, art. 101.

préparatoires, dans ce fouillis d'amendements, de questions, d'interpellations que produit le contrôle de chaque ministère, la pensée du législateur. Si les partisans des réformes opérées par voie budgétaire ont pu en justifier quelques-unes par leur étroite affinité avec le Budget de l'Etat, on peut voir, par nos exemples pris au hasard, qu'il n'en est pas toujours ainsi, et presque toutes les lois de finances de ces dernières années pourraient nous montrer des dispositions législatives étrangères au Budget.

Aussi la discussion de la loi de finances s'allonge-t-elle démesurément chaque année, car il faut compter encore que toutes les propositions, tous les amendements n'aboutissent pas à donner un nouveau texte ; mais tous sont discutés. Ce sont les plus étrangers au budget qui motivent quelquefois les renvois successifs de la loi de finances d'une Chambre à l'autre, renvois toujours préjudiciables puisqu'ils retardent sa promulgation et toujours dangereux parce qu'ils peuvent donner naissance à un conflit dans le Parlement. Le budget est voté le plus souvent au cours de l'exercice auquel il s'applique et laisse en souffrance une foule de de travaux dont l'entreprise ou la poursuite dépendent du vote définitif des crédits (1).

---

(1) Depuis quinze ans le budget a été voté onze fois après l'ouverture de l'exercice : 16 avril 1895 — 29 mars 1897 — 13 avril 1898 — 30 mars 1899 — 13 avril 1900 — 30 mars 1902 — 31 mars 1903 — 22 avril 1905 — 17 avril 1906 — 30 janvier 1907 — 8 avril 1910.

Toutes ces réformes servent de prétexte à l'opposition
qui s'ingénie à encombrer le budget, à faire de l'obs-
truction, et aux orateurs toujours trop nombreux en
France qui sont impatients de donner carrière à leur
éloquence, de chercher des succès personnels plutôt
que le bien de la nation, de faire connaître à leurs électeurs qu'ils sont capables de retenir pendant de longues
heures l'attention de la Chambre ou de braver l'opposition de leurs adversaires. Les plus médiocres sont
ordinairement les plus prolixes ; leurs collègues, par
courtoisie ou par crainte de représailles, renoncent à
leur imposer le silence, quittent la salle des séances ou
s'occupent de leurs propres affaires et les heures s'écou-
lent complètement perdues pour le travail budgétaire.
On a répété souvent que l'éloquence était un péril pour
les démocraties Il suffit pour s'en convaincre de parcourir les longs discours qui se déroulent au Palais-
Bourbon à propos du budget et qui ne donnent pas
toujours l'impression de l'éloquence.

Certaines réformes, dit-on, opérées par voie budgétaire, apportent au Trésor des économies qu'il serait
beaucoup plus difficile de réaliser par une autre procédure. Cet avantage disparaît bientôt sous le flot des
amendements et des articles additionnels qui ont pour
effet d'accroître les dépenses dans des proportions
désordonnées. On a compté que pendant la sixième
législature la Chambre avait reçu 170 propositions

entraînant pour 342.424.000 francs de dépenses (1) A ceux qui prétendent qu'il est utile d'étudier une réforme importante, une loi organique au moment du budget parce que le législateur pourra se rendre compte plus facilement de sa répercussion économique, on peut répondre que le législateur n'est pas plus éclairé par le tableau des finances que lui présente la Commission du budget, ou qu'il ne veut pas l'être, puisqu'il ne cesse de provoquer des dépenses nouvelles et d'augmenter les crédits proposés.

Trop souvent les prétendues réformes par voie budgétaire aboutissent à de véritables gaspillages : gaspillage d'argent aux dépens des contribuables, gaspillage d'un temps précieux perdu pour un travail utile, gaspillage d'éloquence oiseuse et d'efforts individuels susceptibles d'être plus intelligemment employés au service du pays.

(1) G. Wahl : De l'initiative des membres du Parlement en matière financière. — Paris 1904.

En 1893, session extraordinaire 3 propositions, pour   5.500.000 fr.

— 1894,	—	—	28	—	-	20.595.000
— 1895,	—	-	56	—	—	52.549.000
— 1896,	—	—	13	—	—	13.140.000
— 1897,	—	—	68	—	—	246.640.000
— 1898,	Janvier-Avril	2	—	—	4.000 000

DEUXIÈME PARTIE

L'œuvre législative par voie budgétaire
en France

~~~~~~~~~~~~~~~~~~~~~~~

Nous avons essayé, dans les chapitres précédents, de dégager les caractères de la législation par voie budgétaire, d'établir sa légitimité, de faire ressortir l'importance qu'elle peut prendre dans un pays de régime parlementaire et enfin de préciser les avantages qu'on lui attribue et les défauts qu'on lui reproche Il nous paraît intéressant, indispensable même pour compléter notre étude, de parcourir l'œuvre législative accomplie en France par voie budgétaire depuis que le pays est soumis à des constitutions écrites pour y relever les principales réformes nées dans le budget et constater les résultats qu'a donnés cette méthode.

Nous n'entreprendrons pas de faire le bilan de toutes les réformes qui ont trouvé place dans les lois de finances, et encore moins de toutes les propositions, de tous les amendements qui ont échoué au cours des débats. On sait quel développement a pris cette procédure pendant ces dernières années. Il n'y a, aujourd'hui, aucune loi des recettes ou des dépenses qui ne renferme quelques dispositions d'ordre permanent, quelques modifications aux lois antérieures. Il n'y a aucune branche de la législation qui n'ait été enrichie de quelque texte nouveau inséré dans la loi du budget. Nous en avons déjà relevé un certain nombre, et il serait aussi aisé qu'inutile de dresser cette nomenclature. Pour apprécier les résultats de la législation par voie budgétaire en France, il nous suffira d'examiner les dispositions qui ont été le plus souvent modifiées suivant cette procédure, les textes des lois de finances qui ont eu pour but de formuler des principes ou d'organiser des services. Nous examinerons ensuite les mesures qui ont été prises et celles qui ont été proposées au Parlement pour réglementer et renfermer dans de justes limites une méthode dont l'application ne saurait être étendue sans discernement.

CHAPITRE PREMIER

PRINCIPALES RÉFORMES OPÉRÉES PAR VOIE BUDGÉTAIRE

On peut distinguer, d'après leur importance fiscale, les diverses réformes qui ont trouvé place dans nos lois de finances :

1° Les réformes qui touchent directement à l'impôt sont de beaucoup les plus nombreuses ; ce sont, d'ailleurs, celles dont la place est le plus légitimement marquée dans le Budget puisqu'elles ont pour but d'en assurer l'équilibre ;

2° D'autres réformes intéressent aussi le Budget en ce qu'elles ont pour résultat d'augmenter sensiblement les dépenses ou de procurer des ressources ; mais elles se distinguent des premières par la prédominance de leur caractère moral ou social ;

3° Enfin, nous savons que certaines réformes ont été introduites dans les lois de finances qui n'avaient pourtant qu'un intérêt tout à fait insignifiant au point de vue budgétaire.

Examinons l'importance accordée dans nos lois de finances à chacune de ces différentes catégories.

SECTION I

Toutes nos contributions directes remontent aux lois de la Révolution et sont antérieures aux lois de finances votées annuellement depuis l'avènement de notre régime moderne.

Créé par les décrets des 23 novembre-1er décembre 1790, l'impôt foncier a été organisé par la grande loi du 3 frimaire an VII qui en a déterminé l'assiette, le mode d'évaluation et le recouvrement. Cet impôt serait l'un des plus facilement acceptés si son application ne présentait des difficultés énormes, si embarrassantes qu'on n'a pu en venir à bout jusqu'ici et qu'elles ont provoqué depuis un siècle des réclamations au cours de toutes les discussions budgétaires. L'impôt foncier fut établi sous la forme d'impôt de répartition basé sur le revenu net des propriétés ; mais on se heurta immédiatement à la difficulté d'en assurer la péréquation, mesure d'autant plus importante qu'on venait de proclamer l'égalité des charges comme un principe essentiel de nos libertés publiques. Or, pour établir une juste répartition de la contribution foncière, il était indispensable de dresser un cadastre, c'est-à-dire un état descriptif et évaluatif des propriétés soumises à l'impôt.

La loi du 15 septembre 1807 (Titre X) « relative au Budget de l'Etat » prescrivit la confection d'un cadastre parcellaire, œuvre gigantesque, compliquée qui ne coûta

pas moins de 150 millions et ne fut achevée qu'en 1852.
L'œuvre à peine commencée, on se rendit bientôt
compte qu'elle ne pouvait donner que des résultats très
insuffisants si l'on se contentait d'établir des évaluations
par départements, comme le décidait la loi du 20 mars
1813. Des réclamations provoquèrent une disposition de
la loi de finances du 15 mai 1818 qui prescrivit l'établissement du cadastre par cantons. La correction était
encore insuffisante ; les opérations trop longues ne
pourraient se plier aux variations que présentait la
valeur de chaque parcelle ; on aboutissait à des résultats qui ne répondaient déjà plus à la réalité au moment
où ils étaient acquis. Le travail était loin d'être achevé
qu'on dut songer à en modifier les parties terminées et
la loi du 2 août 1829 « portant fixation du budget des
recettes » (art. 4) autorisa les Conseils généraux à voter
annuellement des centimes additionnels à la contribution foncière pour la réfection du cadastre. A cette
époque, les évaluations présentaient des inégalités cho-
quantes appelées à s'accentuer encore dans la suite. Les
résultats cadastraux n'étaient pas comparables entre
eux ; le rapport de l'impôt avec le revenu net présumé
variait pour les communes entre 0,61 0/0 et 21,4 0/0 (1).

Pour remédier à ces inconvénients, on avait procédé
à des dégrèvements successifs des départements les plus
imposés. Le principal de l'impôt foncier avait été réduit

(1) Cauwès : *Précis d'Economie politique*, t. II.

de ce chef, par voie budgétaire, de 30 °/₀ en vingt-cinq
ans (1). En 1821, 52 départements bénéficièrent ainsi de
dégrèvements. Pour compléter ces mesures qui n'étaient
que des palliatifs insuffisants, la loi de finances du
17 août 1835 (art. 2) fit entrer en ligne de compte la
valeur des propriétés bâties et celle du 7 août 1850
« portant fixation du budget des recettes » (art. 7)
autorisa les communes cadastrées depuis plus de trente
ans à refaire leur cadastre à leurs frais. L'assiette seule
de la contribution foncière avait donc fait l'objet d'un
grand nombre de dispositions par voie budgétaire avant
même que le cadastre fût achevé. Ce procédé qui consiste
à introduire ainsi des modifications partielles à un orga-
nisme mal construit ne donnait aucun résultat satisfai-
sant. En 1851, le taux du revenu net variait encore « entre
la moyenne par département, de 9,18 °/₀ et celle de
5,80 °/₀ (2). On procéda en 1879 à une évaluation nouvelle
qui révéla des écarts encore plus considérables. Néanmoins on continua d'apporter des modifications peu efficaces par voie budgétaire, à alléger les charges des

(1) En 1790 il était fixé à   240 millions
    1797 il fut réduit à 218   —
    1798   —   207   —
    1799   —   189   —
    1802   —   183   —
    1804   —   174   —
    1805   —   172   —
    1819   —   168   —
    1821   —   154   —
Leroy-Beaulieu : *Traité de la Science des Finances*. T. I.
(2) Berthélemy : *Traité élémentaire de Droit administratif*.

départements les plus imposés : la loi « relative aux contributions directes » du 8 août 1890 accorda un dégrèvement de 15.267.977 francs ; mais il en était réclamé toujours de nouveaux. On résolut de faire un nouveau travail d'ensemble : une commission extra-parlementaire constituée en 1891 fut chargée d'étudier le problème.

La loi des recettes du 21 juillet 1894 décide (art. 4) que l'Administration des contributions directes procédera « aux évaluations nécessaires pour transformer la contribution foncière des propriétés non bâties en impôt sur le revenu net de ces propriétés ». Enfin la loi de finances du 31 décembre 1907 comporte un crédit de trois millions destiné à l'entreprise des opérations prescrites par la loi de 1894 « pour déterminer le revenu net actuel des propriétés non bâties ».

Entre temps, de nouveaux dégrèvements sont encore accordés par les lois de finances, de nouvelles mesures sont introduites par voie budgétaire pour faciliter l'exécution des lois précédentes (1) et apaiser les réclamations qui se font entendre toujours plus nombreuses au cours de la discussion du budget (2).

(1) Loi des dépenses du 29 mars 1897 (art. 5).
Loi des recettes du 21 juillet 1897 (art. 1). Remise sur les cotes foncières de 25 francs et au-dessous.
Loi des recettes du 19 juillet 1909.
La loi de finances du 13 avril 1900 édicte des peines contre ceux qui s'opposent aux opérations du cadastre.

(2) En 1897 : Proposition Rameau et Lhopiteau. En 1902 : Proposition Dumont. En 1903 : Amendements Rudelle et Berthelot. En 1905 : Propositions du Gouvernement et de la Commission du budget de

La contribution foncière sur les propriétés bâties eut la même assiette et le même mode de répartition que la contribution sur les propriétés non bâties jusqu'à la loi des recettes du 8 août 1890 qui en fit un impôt de quotité (art. 4-13). Cinq ans auparavant la loi « relative aux contributions directes » (1) avait ordonné dans ce but le recensement des propriétés bâties (art. 34) et accordé des remises aux propriétaires des locaux inoccupés. La valeur locative de ces propriétés doit être révisée tous les dix ans. Nous n'avons pas à apprécier ici les avantages et les inconvénients de ce système différent ; mais signalons que cette contribution a donné lieu à moins de réclamations que la précédente, bien qu'elle ait fait encore l'objet de plusieurs modifications introduites dans les lois de finances. C'est ainsi que la loi du 13 juillet 1900 (art. 2) modifie légèrement l'évaluation prescrite par la loi de 1890. La loi relative aux contributions directes du 13 juillet 1903 et celle du 20 juillet 1904 autorisent les Conseils municipaux « à déduire, à titre de minimum de loyer, une somme constante de la valeur locative d'habitation ». Enfin, la loi du budget du 31 décembre 1908 complète celle de l'année précédente (31 décembre 1907) relativement aux opéra-

rendre la réforme du cadastre obligatoire pour les communes. En 1907 : Propositions Noulens, Leroy-Beaulieu. Amendement Dumont, etc.

(1) Loi du 8 août 1885.

tions qu'elle prescrit et accorde certaines exemptions (art. 2 et 3).

Remarquons encore une fois que, si les lois budgétaires comportent un assez grand nombre de dispositions relatives à l'impôt foncier, il y en a peu qui édictent des principes ou des dispositions d'ensemble Le problème de l'impôt foncier n'a pu être résolu de manière satisfaisante par la voie budgétaire.

La contribution personnelle-mobilière, qui fut établie par l'Assemblée Constituante en 1791, a été aussi l'objet d'un certain nombre de remaniements par voie budgétaire. L'assiette de cet impôt avait été fixée par la loi du 3 nivôse an VII, mais il fut mélangé pendant la Révolution de différentes taxes somptuaires et reçut sa forme définitive de la loi « sur le budget de l'Etat » du 24 avril 1806. Impôt de répartition, comme la taxe foncière, il donna lieu aux mêmes difficultés lorsqu'il s'agit d'en opérer la péréquation. Il se composait, en effet, d'une taxe personnelle évaluée à trois journées de travail et d'un impôt ayant pour base la valeur locative arbitrairement déterminée par le législateur. De graves inégalités ne tardèrent pas à se révéler et à soulever des protestations. La loi de finances du 3 juillet 1820 prescrivit le recensement général des valeurs locatives d'habitation. L'enquête révéla que 52 départements étaient beaucoup trop chargés, alors que 34 étaient au contraire favorisés. Néanmoins il fallut attendre la révolution de 1830 pour entreprendre une réforme. La « loi des recettes » du 21 avril 1832 (art. 8-24) réunit l'impôt personnel et l'impôt mobilier qu'on avait d'abord voulu séparer. Elle accorda un dégrèvement de trois millions aux départements trop imposés et modifia les contingents départementaux ; elle prévoyait la revision périodique des contingents et une nouvelle répartition de cinq années en cinq années, mais cette disposition ne fut pas appliquée. La loi de finances du 4 août 1844 prescrivit la révision annuelle des contingents départementaux afin d'opérer le retranchement des constructions démolies et la taxation des constructions nouvelles.

Cette dernière prescription n'a pas réalisé la péréquation de l'impôt comme on l'espérait. Aussi l'article 3 de la loi du 10 juillet 1901 « relative aux contributions directes » décida-t-il que le contingent de la contribution personnelle-mobilière serait réparti entre les départements « proportionnellement à l'ensemble des valeurs locatives d'habitation constatées par les agents des contributions directes dans le travail de revision... effectué en exécution des lois du 8 août 1890 et 30 mai 1899 ». Cette disposition, connue sous le nom d' « amendement Le Moigne », avait été disjointe en 1893 et repoussée en 1900 sur les observations de M. Caillaux, ministre des finances. Le rapporteur du budget combattit l'amendement et fit remarquer qu'il ne serait pas équitable de baser les contingents uniquement sur les loyers. — Cet article eut pour résultat de surcharger trente-quatre départements au profit des cinquante-deux autres qui furent dégrevés. Il y eut de la part des départements lésés des protestations si énergiques qu'on dut opérer le dégrèvement des majorations provoquées par l'amendement Le Moigne, sans relever toutefois le contingent des autres départements. Tel fut l'objet des articles 2 et 3 de la loi de finances du 31 mars 1902 et de l'article 1 de la loi relative aux contributions directes du 16 juillet de la même année.

Signalons enfin la disposition de la loi des recettes du 19 juillet 1906 qui rend responsables, sous certaines conditions, les propriétaires et les principaux locataires du paiement de la contribution personnelle-mobilière dont pourraient être redevables les locataires qui ont quitté leur maison.

Telles sont les seules dispositions législatives qui régissent l'impôt personnel-mobilier. On voit qu'il a été organisé de toutes pièces par les lois de finances : c'est en effet celui qui, par sa nature même, pouvait le plus aisément trouver place dans le budget.

L'impôt des portes et fenêtres a été créé par la loi du 4 frimaire an VII. Tour à tour impôt de quotité ou de répartition, il a conservé ce dernier caractère depuis la loi du 21 avril 1832. Une loi de finances du 14 juillet 1838 ordonna qu'une nouvelle répartition serait soumise tous les dix ans à la Chambre ; mais cette prescription ne fut appliquée qu'en 1844. La loi des recettes du 4 août de la même année subordonna le tarif au mouvement de la population des communes (art. 3 et 4). D'autres lois budgétaires ont modifié l'assiette (1) de l'impôt des portes et fenêtres ou accordé des exemptions (2). Mais il est remarquable que cet impôt que l'on continue à percevoir d'après les anciennes lois a été supprimé par l'article premier de la loi du 18 juillet 1892 relative aux contributions directes de l'exercice 1893 et remplacé par une taxe représentative sur le revenu de la propriété foncière. La loi du 20 juillet de l'année suivante et toutes les lois sur les recettes qui l'ont suivie ont maintenu, toujours provisoirement, cet impôt contre lequel s'élèvent de nombreuses critiques et qui est appelé à disparaître le jour où l'on procédera à une refonte sérieuse de notre régime fiscal.

Enfin l'impôt des patentes, destiné à atteindre les bénéfices du commerce et de l'industrie, fut créé en 1791 au lendemain de la suppression des jurandes et des maîtrises. Sa complication même semblait l'appeler à subir de nombreuses vicissitudes et il est l'objet de modifications des plus fréquentes.

Les règles générales de l'assiette des patentes n'ont pas été formulées dans des lois de finances, mais fixées dans des textes spéciaux : loi du 25 avril 1844, loi du 29 mars 1872 et enfin loi du 15 juin 1880 qui a conservé les cadres et les principes de la première. Ces lois spéciales comprennent des règles et des tableaux rema-

---

(1) Loi du 18 juillet 1836. — Loi du 20 juillet 1837.
(2) Loi du 13 avril 1850. — Loi du 26 décembre 1908,

niés souvent par les lois budgétaires : tantôt il s'agissait d'atteindre de nouvelles professions, tantôt on voulait modifier le classement de tel genre d'industrie selon ses fluctuations et son développement, tantôt enfin on a précisé certaines questions de détail. C'est ainsi que les tableaux dressés par les lois organiques ont été modifiés successivement par les lois du 18 mai 1850 (art. 16 et suiv.), du 4 juin 1858 (art. 8), du 13 mai 1863 (art. 3), du 30 juillet 1885 (art. 2) et du 17 juillet 1889 (art. 2). La loi de finances du 2 juillet 1862 accorde certaines exemptions aux ouvriers qui vendent les produits de leur travail, celle du 26 juillet 1860 règle le droit de patente des associés en nom collectif (art. 19), tandis que l'article 3 de la loi des recettes du 8 mai 1869 fixe les bases de la patente des sociétés par actions. Des remises sont accordées par la loi du 8 août 1890 (art. 28-30) en cas de cessation de commerce. Les grands magasins voient leur patente notablement augmentée par la loi du 28 avril 1893 et tous les commerçants sont imposés par la loi de finances du 24 avril 1893 (art. 5) de centimes additionnels à la patente pour assurer l'exécution des lois nouvelles sur les accidents du travail. - Toutes ces dispositions par voie budgétaire sont inspirées par l'expérience et pouvaient aisément trouver place dans le budget sans donner lieu à des débats approfondis ou à de longues études inutiles.

C'est aussi la pratique qui a guidé le législateur dans l'adoption par voie budgétaire de nombreuses disposi-

tions intéressant l'exécution des lois sur les contributions
directes. Un grand nombre de textes concernant la confection des rôles, les formalités à remplir pour demander
des décharges ou des réductions, les délais accordés
pour faire des réclamations ont trouvé place dans les
lois de finances (1). Il ne faut pas s'en étonner : ces
mesures, pour être efficaces, doivent être adoptées
promptement et modifiées selon les circonstances. La
voie budgétaire est sans aucun doute la plus rapide et la
plus sûre pour maintenir toujours la procédure relative
au recouvrement des impôts en harmonie avec les
réformes fiscales proprement dites.

Toutes ces modifications par voie budgétaire des
quatre contributions directes, toutes ces retouches par-

---

(1) Cf. Loi du 15 mai 1818, qui prescrit la délivrance d'avertissements avant toute poursuite.

Loi du 21 avril 1832 (art. 28-30) sur la procédure des réclamations.

Loi du 4 août 1844 (art. 6) sur le recouvrement de la contribution
foncière et (art. 8) les délais de recours.

Loi du 3 juillet 1846 (art. 6-8) sur la répartition dans les villes
des contributions directes et la confection des rôles.

Loi du 22 juin 1854 (art. 15) sur la rédaction des avertissements.

Loi du 29 décembre 1884 fixant le délai des réclamations « pour les
contributions directes et taxes assimilées ».

Loi du 21 juillet 1887 (art. 2 et 3) réglementant de nouveau la procédure des réclamations.

Loi du 8 août 1890 (art. 7) fixant le délai des réclamations relatives
aux propriétés bâties.

Loi du 18 juillet 1892 (art. 33) qui proroge la loi précédente.

Loi du 17 juillet 1895 (art. 16) qui règle l'expertise en matière de
contributions directes.

Loi du 11 décembre 1902 (art. 6) abrogée et remplacée par celle du
13 juillet 1903 (art. 4, 16 et 17).

tielles et parfois accidentelles n'ont pas abouti à nous doter d'un régime quasi-définitif. La méthode employée est certainement impuissante à réaliser une amélioration profonde et durable. Les nombreuses réformes ajoutées aux lois de finances pour adapter l'institution des impôts directs à notre évolution économique les propositions et les amendements beaucoup plus nombreux encore présentés au Parlement sur cette question témoignent du véritable besoin qui se fait sentir d'une refonte complète de notre régime fiscal. C'est cette réforme profonde que la Chambre des Députés s'est efforcée de réaliser à la fin de la dernière législature en votant après d'interminables débats « la suppression des contributions directes et l'établissement d'un impôt général sur les revenus et d'un impôt complémentaire sur l'ensemble du revenu ». La ferme volonté du Parlement, manifestée à plusieurs reprises, permet bien de croire à la réalisation future de ce projet ; mais les lenteurs de la procédure législative ne laissent pas le droit d'en fixer même approximativement l'époque.

La législation relative aux contributions indirectes occupe une place encore plus considérable dans les lois budgétaires, non seulement en raison de leur importance fiscale (1), mais à cause de leur multiplicité. Nous n'entreprendrons pas l'examen détaillé des nombreux

(1) Le budget de 1910 prévoit pour 2.874.092.603 francs d'impôts et revenus, dont 582.948.269 francs de contributions directes et taxes assimilées et 2.291.144.334 francs de contributions indirectes,

articles que comportent les contributions indirectes
proprement dites ni des autres impôts qui alimentent le
budget (1) ; nous nous proposons d'examiner seulement
quelle place occupent dans les lois de finances les
réformes qui ont trait aux plus importants de ces
revenus : le timbre, les taxes sur les valeurs mobilières
et les opérations de bourse, les douanes et les boissons.
Nous renvoyons à la section suivante l'étude des
réformes ayant trait à l'enregistrement, à cause du
caractère particulier de cet impôt.

Bien que l'impôt du timbre remonte, dit-on, au dix-
septième siècle, la loi qui l'organise dans notre Droit
moderne est la loi du 13 brumaire an VII. Depuis cette
époque, un très grand nombre de dispositions relatives
au timbre ont été insérées dans les lois de finances ;
quelques-unes ont pu avoir une certaine importance
fiscale, mais la loi de Brumaire n'a subi aucune modification importante par voie budgétaire. Des lois d'ensemble ont modifié, étendu, augmenté l'impôt du
timbre, notamment les lois de 1824, 1850, 1872 et 1874 ;
mais ce ne sont pas des lois de finances (2). Celles-ci ont

(1) La longue nomenclature de toutes ces taxes est inscrite chaque
année dans un tableau annexe du Budget. (Tableau C de la loi du
10 avril 1910).

(2) Loi du 16 juin 1824 relative aux droits d'enregistrement et de
timbre.

Loi du 5 juin 1850 « relative au timbre des effets de commerce, des
bordereaux de commerce, des actions dans les sociétés, des obliga-

ordinairement pour objet certaines exemptions, ou certaines modifications aux tarifs établis par les lois organiques qui ont déterminé l'assiette de l'impôt.

Si la loi de finances du 24 avril 1816 (Titre VII, § 3) étend l'impôt du timbre à toutes sortes d'affiches. avis, annonces, etc., ces droits sont supprimés ou modérés par les lois budgétaires de 1817 (art. 76), de 1818 (art. 83), de 1840 (art. 3 et 4), de 1857 (art. 12). L'impôt du timbre sur les effets de commerce est modifié plus d'une fois au cours du siècle selon les besoins du budget (1). Les connaissements et les lettres de voiture sont frappés par la loi de finances de 1842 (loi du 11 juillet 1842 — art. 6 et 7). Les taxes sur les effets publics et sur les opérations de bourse sont visées dans les lois budgétaires de 1863 (art. 4 et 29), de 1864, du 28 avril 1893 (art. 28), de 1895 (art. 8), du 13 avril 1898 (art 13), du 30 janvier 1907 (art. 8). Citons encore les timbres des affiches dont le tarif a été établi ou modifié par les lois des recettes du 8 juillet 1852 (art. 30), du 18 juillet 1866 (art. 6), du 26 décembre 1890 (art. 5), du 26 juillet 1893 (art. 19) et enfin la loi du 8 avril 1910

---

tions négociables des départements, communes, établissements publics et compagnies, et des polices d'assurances. »

Deux lois du 30 mars 1872 et une loi du 19 février 1874 portant augmentation de différents droits de timbre.

(1) Loi des recettes du 24 mai 1834, du 20 juillet 1837.

Lois de finances du 20 décembre 1872 (art. 3), du 22 décembre 1878 (art. 1).

Loi des recettes du 29 juillet 1881,

(art. 16 à 23) qui règlemente à nouveau le droit de timbre sur les affiches peintes. Le mode de perception de l'impôt au moyen de timbres mobiles a été réglé par les lois de finances du 11 juin 1859 (art. 64) et du 29 décembre 1873 (art. 2-5). Le tarif des feuilles de papier timbré a été modifié par les lois du 2 juillet 1862, du 23 août 1871, etc. D'autres lois de finances visent encore, au point de vue de l'impôt du timbre, les opé- rations des compagnies d'assurances, les permis de circulation des chemins de fer, etc.

Les valeurs mobilières, actions ou obligations, étaient frappées, dans le système de l'an VII, d'un droit de timbre et en outre, pour chaque cession, d'un droit pro- portionnel. Ce dernier, supprimé par la loi du 5 juin 1850, fut bientôt rétabli par la loi de finances du 23 juin 1857 (art. 9) et plusieurs lois de finances l'ont étendu dans la suite et en ont augmenté le tarif. Ainsi la loi relative au budget rectifié du 16 septembre 1871 a étendu cet impôt aux titres émis par les départements, les communes et les établissements publics (art. 11). De plus l'extension de cet impôt aux valeurs étrangères qui avaient été omises par la loi de 1850 a été opérée par la loi de finances de 1857 (art. 9).

Deux lois de finances – 28 décembre 1880 (art. 3 et 4) et 29 décembre 1884 (art. 9) — ont frappé les valeurs mobilières des gens de mainmorte d'un droit « d'accrois- sement » analogue à celui dont la loi du 20 février 1849 grevait déjà leurs immeubles. En réalité, la seconde

n'est qu'une confirmation de la première ; sa nécessité
même témoigne du danger d'établir par voie budgétaire
des textes qui, ne présentant pas toute la netteté dési-
rable et susceptibles d'interprétations diverses, causent
des surprises. Le législateur de 1880 avait entendu
atteindre, sans les nommer, les biens mobiliers des
congrégations religieuses. Celles-ci échappèrent pour la
plupart à l'impôt, soit au moyen d'une interprétation
juridique admise par les tribunaux, soit en apportant
de légères modifications à leurs statuts. Aussi l'impôt
prévu dans le budget de 1881 du chef de cette loi pro-
duisit à peine le quart de la somme espérée. C'est pour
mettre fin aux controverses soulevées par la loi de 1880
que le législateur de 1884 visa d'une manière expresse
les « congrégations, communautés et associations religieuses autorisées et non autorisées ». Une autre loi de
finances du 26 juillet 1893 (art. 21) règle la prescription
de l'action du Trésor pour le recouvrement de la taxe
établie sur le revenu des valeurs mobilières.

On pourrait rattacher encore à cette question les
dispositions prises par de récentes lois de finances pour
prévenir les détournements de valeurs mobilières des
successions afin de les soustraire aux droits de mutation.
C'est ainsi que la loi du 25 février 1901 oblige les chan-
geurs, banquiers et autres détenteurs ou débiteurs de
sommes appartenant à une succession à en faire immédiatement la déclaration au receveur de l'Enregistrement (art 15, al. 2. La loi du 31 mars 1903 va plus loin :

elle oblige (art. 7) les dépositaires qui font l'ouverture de comptes indivis à faire connaître ces comptes et à en indiquer le montant lorsque le décès des titulaires leur est notifié. L'article 6 de la même loi prescrit aux héritiers donataires ou légataires de faire connaître à l'Administration de l'Enregistrement le contrat d'assurance dont les meubles qu'ils reçoivent ont pu être l'objet. Signalons aussi l'article 21 de la loi de finances du 31 décembre 1903 qui exempte les actions et obligations des sociétés coopératives ouvrières de l'impôt établi par la loi du 29 juin 1872 (art. 21) (1).

Remarquons enfin la loi de finances du 25 février 1901 (art. 20) qui fixe à 8 % l'impôt sur les lots payés par les porteurs de titres et celle du 26 décembre 1908 (art 5 et 6) qui augmente le tarif des impôts sur les valeurs mobilières.

Les opérations de Bourse n'ont donné lieu qu'à de rares textes insérés dans les lois de finances. Cependant deux lois sont particulièrement intéressantes en ce qu'elles ont eu pour but de résoudre un grave problème qui n'a pas encore reçu de solution définitive (2) Bien connue est la vieille rivalité qui existe entre coulissiers

---

(1) Cette loi a été étendue aux coopératives ouvrières agricoles par l'article 25 de la loi de finances du 8 avril 1910.

(2) Nous citerons pour mémoire la loi de finances du 28 décembre 1895, qui étend les dispositions de la loi du 30 mars 1872, et celle du 31 décembre 1907 qui augmente le droit de timbre sur toute opération de Bourse (art. 8).

et agents de change. Plusieurs projets de réforme du marché financier ont été présentés au Parlement; à deux reprises on a tenté par voie budgétaire de faire cesser le conflit. Les partisans de la coulisse firent admettre dans la loi de finances du 28 avril 1893 (art. 28 et suiv.) une disposition qui frappait d'une taxe les opérations de Bourse et obligeait, sous peine d'amende, à tenir un répertoire des opérations faites « quiconque ferait commerce habituel de recueillir des offres et des demandes de valeurs de Bourse ». C'était la reconnaissance indirecte mais certaine des concurrents des agents de change. Mais au cours de la discussion du budget de 1898 un amendement proposé par M. Fleury-Ravarin et devenu l'article 14 de la loi de finances du 13 avril 1898 modifia complètement la disposition de la loi de 1893. Le nouveau texte oblige, sous peine d'amende, « quiconque fait le commerce habituel de recueillir des offres et des demandes de valeurs de Bourse... s'il s'agit de valeurs admises à la cote officielle » à représenter aux agents de l'Enregistrement des bordereaux d'agents de change. Cette nouvelle solution, qui semble partager entre les agents de change et les coulissiers les valeurs officielles et le marché en banque, ne semble pas plus définitive que la première si on en juge par les débats un peu confus d'où elle naquit et les promesses que dut faire le Gouvernement de réorganiser le marché. De telles questions ne peuvent être résolues par voie budgétaire, car elles mettent en jeu des intérêt difficiles à concilier, des principes qui demandent un examen attentif alors que le côté fiscal est en quelque sorte secondaire.

Bien que l'application des tarifs douaniers ait donné lieu à un certain nombre de dispositions législatives insérées dans les lois de finances, l'organisation du régime — l'établissement du tarif général — a été l'objet de textes spéciaux, de lois distinctes dont la plus récente est celle du 29 mars 1910. Les discussions auxquelles les droits de douane ont donné lieu au cours des débats sur les différentes lois de finances n'ont porté que sur des applications particulières de tarifs à telle ou telle marchandise, sur le relèvement des prix afin de favoriser une industrie française ou sur l'abaissement d'une taxe pour faciliter l'entrée d'un produit sur notre marché. Au point de vue législatif ces textes ne présentent aucun intérêt.

L'impôt sur les boissons, supprimé puis rétabli par la Révolution, a été réglementé d'une manière assez étendue par la loi de finances du 28 avril 1816, dont le titre Ier forme le Code de la matière.

Cette loi fut l'objet de nombreuses modifications partielles introduites notamment dans les lois de recettes. Une réforme importante, réclamée depuis de longues années et que le Gouvernement avait essayé d'introduire dans le budget de 1893, a été réalisée par la loi du 12 décembre 1900. Mais le régime des boissons est une matière si complexe, touchant à tant d'intérêts opposés, que la réforme de 1900 a subi de nouvelles modifications dans la plupart des lois budgétaires postérieures. L'Etat a toujours pensé que les boissons, et notamment les alcools, devaient constituer une ressource importante pour le budget : en 1910, la loi de finances prévoit que les droits perçus à propos de la vente, de la circulation, de la consommation des boissons, de la dénaturation même des alcools, pourront fournir plus de 466 millions de francs. Aussi ne faut-il pas s'étonner des efforts que n'ont cessé de faire les intéressés pour échapper à l'impôt, de la pression qu'ils ont exercée sur les membres du Parlement pour obtenir des réductions ou même la suppression totale de certaines taxes. Ces efforts se sont traduits dans une foule d'amendements et de propositions additionnelles aux lois budgétaires et aussi dans un certains nombre de textes insérés dans les lois de recettes ou de dépenses.

Dès 1817, la loi de finances du 25 mars (Titre VII) apporta un certain nombre d'exemptions du droit de circulation et la loi des recettes du 4 août 1844 prescrivit les formalités à remplir pour obtenir cette exemption (art. 11 et 12). La loi du 12 décembre 1830 sur les crédits provisoires au budget de 1831 supprima le droit d'entrée dans les villes dont la population était inférieure à 4,000 habitants (art. 3) ; la loi des recettes du 17 mars 1852 réduisait à nouveau le droit d'entrée et modifiait les droits sur la vente des vins (art. 14-23).

Le droit d'exercice a pu être converti en une taxe

unique d'entrée par la loi des recettes du 24 avril 1832
(Titre IV). Cette taxe unique a été confondue dans une
taxe de remplacement qui comprenait les droits d'entrée, de circulation et de détail pour la Ville de Paris
(Loi de finances du 26 juillet 1860, art. 18), et ce régime
a été successivement prorogé par les lois budgétaires
suivantes.

Le régime des alcools a donné lieu à d'importantes
dispositions et à d'ardentes discussions au sein du
Parlement. La loi de 1816 avait créé un privilège en
faveur des propriétaires qui distillent pour leur usage
les produits de leur récolte. Mais la désignation des privilégiés, l'étendue, l'exercice du privilège ont toujours
été très difficiles à déterminer. La loi des recettes du
20 mars 1837 donna une définition des bouilleurs de cru
et essaya d'apporter sur ce point une précision à la loi
de 1816. Mais nous voyons bientôt la loi de finances de
1839 ajouter à la liste des privilégiés désignés par la loi
précédente.

On aurait pu croire, après la réforme de 1900, que le
problème du régime des boissons était réglé depuis
quelques années. Non seulement toutes les difficultés
n'ont pas été tranchées, mais les dispositions mêmes
de la loi ont été modifiées par les lois budgétaires ulté-
rieures.

La loi du Budget du 30 mars 1902 apporte des déroga-
tions à la loi de 1900 (art. 17), règle le droit de licence

(art. 18) et fixe le tarif de la licence des brasseurs
(art. 19).

La loi de finances du 31 mars 1903 (art. 12 30) organise
un contrôle sur la vente et la détention des appareils
propres à distiller, prévoit et réprime les fraudes.

Celle du 22 avril 1905 règlemente les opérations des
bouilleurs de cru (art. 12-15) et limite leurs droits
(art. 16) ; on trouve dans la loi de finances du 17 avril
1906 (art. 10-13), de nouvelles dispositions relatives aux
opérations des bouilleurs de cru, à la fraude sur le
régime des vins et des spiritueux. Celle du 30 janvier
1907 établit une surtaxe sur les absinthes et prévient la
fraude sur les spiritueux.

Ces dispositions sont complétées d'ailleurs par la loi
du Budget du 26 décembre 1908 qui traite en même
temps de la dénaturation des alcools (art. 15) et de certains privilèges accordés aux Sociétés coopératives
agricoles. Enfin, la dernière loi de finances du 8 avril
1910 apporte encore de légères modifications à la loi
organique de 1816 et à celle de 1900 (Cf. art. 30 et 31).

Les réformes par voie budgétaire, en ce qui concerne
le régime des boissons, sont donc, depuis 1900, plus
nombreuses encore qu'auparavant. Il faut remarquer,
toutefois, que la plupart de ces réformes sont suggérées
par les enseignements de la pratique, par la nécessité
de déjouer la fraude toujours plus active et d'assurer le
recouvrement aussi complet que possible de l'impôt.

SECTION II

Les lois budgétaires présentent encore, en France, un très grand nombre de dispositions qui n'ont pas pour but exclusif, comme les précédentes, d'apporter des ressources à l'Etat. Elles ont d'ordinaire pour objet soit l'organisation ou le fonctionnement de services administratifs, soit la protection d'intérêts privés. Mais ces dispositions intéressent néanmoins les finances publiques, car leur application entraîne quelquefois des recettes, plus souvent des dépenses. C'est ce qui explique, sans la justifier toujours, leur présence dans les lois budgétaires. Les textes que l'on peut ranger dans cette catégorie sont extrêmement nombreux, en ces dernières années surtout, où les lois de finances ont pris le développement que l'on sait. Aussi nous suffira-t-il, pour étudier les caractères de notre législation « par voie budgétaire », de relever dans les dix dernières années les principales réformes qui ont trouvé place dans les lois de finances.

Nous avons cru devoir réserver dans cette section une place aux droits d'enregistrement. Bien que les produits de l'Enregistrement soient classés par les tableaux de la loi de finances dans la catégorie des « impôts et revenus », il ne faut pas perdre de vue que la raison d'être de cette administration est de donner date certaine aux créances et en général aux droits des particuliers, que le bureau des hypothèques lui-même n'a pour objet que la protection et la sauvegarde des intérêts privés. Il serait peut-être difficile, nous en convenons, de voir dans les droits de mutation autre chose que des mesures purement fiscales ; néanmoins, l'enregistrement des successions et des partages peut encore rendre aux particuliers le service de conserver la preuve des circonstances d'où sont nés leurs droits.

On sait que l'Enregistrement, qui a remplacé une foule de droits de l'ancien régime, a été organisé par la loi du 22 frimaire an VII ; cette loi a subi des modifications dans plus de trente lois de finances, mais en particulier dans celles du 28 avril 1816 et du 18 mai 1850.

Les lois budgétaires des dix dernières années contiennent des réformes intéressantes en ce qui concerne les droits de mutation, car elles apportent dans notre législation fiscale des règles et des principes nouveaux. La loi du 25 février 1901 n'a pas seulement modifié le tarif en vigueur des droits de mutation, elle a inauguré le principe de la progression inconnu jusqu'alors dans notre régime fiscal. De plus, elle a prescrit la déduction des dettes « pour la liquidation et le paiement des droits de mutation par décès » Ces réformes, par leur étendue, par leur importance et leur nouveauté, auraient pu faire l'objet d'un texte de loi spécial; mais les principes mêmes qu'elles appliquaient étaient vivement combattus, plusieurs propositions faites en ce sens n'avaient

pu aboutir par la procédure ordinaire ; la nécessité de
de voter rapidement le budget et surtout d'en assurer
l'équilibre par une augmentation de ressources n'a pas
été étrangère au triomphe définitif d'une réforme étudiée depuis longtemps.

Le tarif adopté par la loi de 1901 a été complété par
la loi de finances suivante (30 mars 1902, art. 10) et la
loi du 8 avril 1910, portant fixation des dépenses et des
recettes du dernier exercice, l'a notablement augmenté
(art. 11-13). En revanche, cette dernière loi a exempté
des droits d'enregistrement la constitution du « bien de
famille » pour favoriser le développement d'une institution sociale dont on paraît attendre les meilleurs
effets. — La loi de finances du 31 mars 1903 exempte de
la formalité de l'enregistrement les reconnaissances
d'enfants naturels (art. 9) Celle du 22 avril 1905 élève
le droit d'enregistrement des ventes d'immeubles
(art. 2), des échanges (art. 3) et des partages (art. 5) ;
elle exempte de cette formalité les procès-verbaux de
cote et de paraphe des livres de commerce (art. 9). La
loi du budget de 1906 exempte des frais d'enregistrement les recours au Conseil d'Etat pour excès de pouvoirs ou incompétence (art. 4) et étend aux établissements publics les limites accordées par la loi aux
héritiers pour faire la déclaration prescrite (art. 7).
Enfin, la loi du 26 décembre 1908, fixe la base d'évaluation des immeubles non loués pour la perception des
droits de mutations à titre gratuit.

En résumé, presque toutes les lois de finances pro-
mulguées depuis dix ans contiennent des dispositions
relatives aux droits d'enregistrement. On ne saurait
trop faire remarquer à quelles erreurs et à quelles difficultés dans leurs recherches une législation aussi
décousue expose les personnes intéressées à connaître
ses prescriptions.

La même procédure a été employée pour apporter à
l'organisation judiciaire les réformes que suggéraient
les circonstances : réclamations des intéressés, besoin
de réaliser des économies.

La loi de finances du 13 avril 1900 accorde un traitement à un certain nombre de juges suppléants, et cette
mesure sera étendue par la loi de finances du 8 avril
1910 (art. 98). La loi du 25 février 1901 autorise le Gouvernement à réduire dans une certaine mesure le
nombre des justices de paix ; celle de 1902 contient des
dispositions relatives au classement des magistrats et
modifie la composition du tribunal de la Seine
(art. 59-60). La loi du 31 mars 1903 (art. 79) organise la
justice à la Martinique, à la Guadeloupe et à la Réunion
et modifie la composition des cours d'appel (art. 83) ;
celle du 17 avril 1906 consacrera un article, l'article 38,
à ordonner au Gouvernement de réglementer le recrutement et l'avancement des magistrats. Etait-il donc
nécessaire que le Parlement employât la forme législative pour exprimer sa volonté au pouvoir exécutif ?

On ne voit pas quelle signification peut avoir la promulgation de ce texte.

Dans l'Enseignement, le classement des instituteurs, les effectifs des instituteurs stagiaires, le classement des directeurs d'écoles normales sont réglés par les lois de finances de 1900, 1902, 1906, 1907, 1908. — La loi du 24 avril 1905 pourvoit en outre à la création et au traitement des chargés de cours des Lycées, celle de 1906 réglemente le traitement des commis d'Académie. Toutes ces réformes intéressent évidemment les finances publiques puisqu'elles engagent des dépenses, mais elles paraissent avoir pour but de donner satisfaction à de pressantes réclamations plutôt que d'organiser un service public et de servir l'intérêt général.   Tout cela semble manquer d'unité, de cohésion.

Ce sont sans doute les mêmes préoccupations qui ont provoqué tous les ans depuis 1903 des retouches à la loi du 9 juin 1853 sur les pensions civiles soit pour en étendre le bénéfice à de nouveaux fonctionnaires, soit pour faire entrer en ligne de compte le temps de stage ou de surnumérariat (L. 26 déc. 1908, art. 37). Toutes ces réformes se traduisent le plus souvent par des augmentations de dépenses qui commencent à inquiéter les législateurs eux-mêmes (1).

Nous trouvons enfin dans les lois budgétaires toute

(1) Toutefois il faut faire exception par la loi du 31 décembre 1903 qui supprime la limite d'âge maxima au delà de laquelle le ministre était obligé d'admettre un fonctionnaire à la retraite (art. 18).

une série de dispositions qui ont trait à la création d'emplois dans l'Administration centrale des ministères ou à la répartition des services. Le Parlement s'est réservé de voter des crédits pour chaque emploi nouveau et a interdit au Pouvoir exécutif de maintenir des cadres qui ne correspondraient pas aux crédits votés ou des fonctionnaires dont le traitement ne correspondrait pas aux prévisions du budget (1) Les dispositions votées par application de cette règle sont nombreuses dans les lois de finances :

La loi du 31 décembre 1903 change en Direction le bureau de la Mutualité au Ministère de l'Intérieur

La loi du 24 avril 1905 crée des emplois aux ministères de la Justice et de l'Agriculture. Celle du 17 avril 1906 supprime une Direction au ministère de la Justice (art. 37), crée des emplois à la Direction générale de l'Enregistrement (art. 35), au ministère de la Guerre (art. 40), à la Direction des Postes (art. 60). De nouveaux emplois sont autorisés à la Guerre et à la Marine en 19 8. Enfin la loi de finances du 8 avril 1910 autorise de nouveaux emplois aux Affaires étrangères et à la Marine et crée un office du Tourisme.

A cette catégorie il faut rattacher encore les nombreuses dispositions concernant le service des Postes et même les entreprises industrielles de l'Etat, qu'il s'agisse de l'organisation du service, des tarifs, ou bien

(2) Loi de finances du 30 mas 1902 — art. 79.

des conditions du travail dans ces entreprises. Ces
mesures ont un caractère administratif et elles trouvent
assez naturellement leur place dans le Budget, qui est
un acte de haute administration ; elles présentent aussi
un intérêt réel pour le budget de l'Etat auquel elles
procurent des ressources importantes.

SECTION III

Il nous reste maintenant à relever dans les lois de finances les plus récentes un certain nombre d'adjonctions qu'on est d'autant plus surpris d'y rencontrer qu'elles n'ont aucun rapport avec le Budget. Leur présence peut s'expliquer tantôt par la seule nécessité de faire aboutir plus promptement une réforme qui doit mettre fin à de fâcheux abus, tantôt par l'exercice du droit de contrôle auquel le Parlement se livre surtout à propos du Budget, par le jeu même de son pouvoir de haute administration. Il faut reconnaître aussi qu'un certain nombre de ces réformes n'ont point un caractère d'urgence suffisant pour justifier leur place dans le Budget. L'introduction dans la loi de finances de pareilles dispositions ne peut être motivée que par des circonstances de fait, souvent par le peu d'importance qu'elles ont au point de vue de l'intérêt général ou par l'accord unanime sur leur opportunité.

Parmi les textes qui paraissent avoir eu pour objet de réaliser des réformes pressantes. on peut relever dans la loi du 30 mars 1902 la réglementation de l'usage et de la vente de la saccharine (art. 49-56), la formation d'un corps de troupes sahariennes (art. 65-67). L'insaisissabilité des pensions de retraite dont jouissent les ouvriers a été prescrite par la loi du 17 avril 1906 (art. 65) : cette

mesure était destinée à compléter la série des dispositions protectrices édictées par le législateur pour assurer
à l'ouvrier le minimum de ressources indispensable à
son existence. C'est encore dans le but de protéger
l'épargne publique, et surtout la petite épargne, que
l'article 3 de la loi du 30 janvier 1907 impose une certaine publicité aux sociétés françaises ou étrangères qui
émettent ou introduisent sur le marché des actions ou
des obligations. Il y avait certainement urgence à
éclairer le public sur la valeur des entreprises financières qui font appel aux capitaux français ou tout au
moins à lui fournir des moyens de contrôle.

Faudrait-il chercher à découvrir le même caractère
d'urgence dans les dispositions relatives au Conseil
d'État qui ont pris place depuis 1900 dans plusieurs
lois de finances ? — On sait que cette haute juridiction
est débordée par le nombre toujours croissant des
affaires portées devant elle. Une augmentation du nombre de ses magistrats, un remaniement de ses sections
ont depuis longtemps paru nécessaires. Néanmoins ces
réformes ont été l'objet depuis dix ans de dispositions
législatives assez disparates contenues dans trois lois de
finances et dans un texte spécial :

La loi de finances du 13 avril 1900 augmente le
nombre des maîtres des requêtes et des auditeurs
(art. 24), celle du 8 avril 1910 augmentera le
nombre des conseillers et de nouveau le nombre des
maîtres des requêtes (art 97). L'organisation de la sec-

tion des contentieux est réglementée à la fois dans les deux lois de finances de 1900 et de 1910 et dans la loi spéciale du 17 juillet 1900 (art. 1). Les délais de recours sont fixés dans les deux lois de 1900. L'accès à l'auditorat est réglé par les lois de finances de 1900 (art. 24) et du 18 février 1907 (art. 80). Enfin le nombre des places vacantes de maîtres des requêtes réservées aux auditeurs de première classe est fixé par la loi de 1900 et augmenté par celle de 1910. La plupart des emplois au Conseil d'Etat avaient été laissés au choix du pouvoir exécutif : des réclamations suscitées par l'exercice de ce droit ont déterminé le Parlement à le restreindre de plus en plus. Mais on peut regretter que le pouvoir législatif ne prenne pas soin d'organiser la composition et de réglementer la procédure d'une juridiction aussi haute par une loi spéciale et après une étude d'ensemble plus approfondie.

C'est sans doute en vertu de son droit de surveillance et de contrôle administratif que le Parlement, dans la loi de finances du 30 mars 1902, a désigné les fonctionnaires de police qui devraient seuls procéder aux exhumations (art 62) et décidé le transfert du ministère des colonies avec interdiction d'installer dans le Palais du Louvre aucun service administratif (art. 76) ; qu'il a de même, dans la loi de finances du 31 mars 1903, introduit la substitution des percepteurs aux receveurs de l'Enregistrement pour opérer le recouvrement des dépens en matière criminelle 'art. 60).

Plusieurs lois de finances prononcent la suppression d'hôpitaux militaires. La loi du 22 avril 1905 (art. 47) autorise la suppression, à titre d'essai, des conseils d'administration de certains régiments ; l'article 65 de la même loi prescrit la communication de leur dossier à tous les fonctionnaires traduits devant un conseil de discipline. Les conditions d'inscription des officiers au tableau d'avancement sont modifiées par la loi de finances du 17 avril 1906 (art. 41), et, quelques lignes plus loin (art. 44), la Cour de Cassation se voit attribuer la connaissance des recours contre les arrêts des Conseils de guerre et des Tribunaux maritimes qui siègent en Algérie et en Tunisie. Signalons encore la réglementation par la loi de finances du 8 avril 1910 du recrutement des ingénieurs des Ponts et Chaussées (art. 124), et l'article 40 de la loi du budget du 26 décembre 1908 qui prescrit de nouvelles règles relatives au recrutement des membres de la Cour des Comptes. Cette dernière mesure fut votée à la suite d'interpellations provoquées par des nominations que le Parlement désapprouvait. La loi du 8 avril 1910 a également pour but de prévenir des abus de même nature et de mettre fin à des réclamations lorsqu'elle dispose que le recrutement du personnel des Préfectures et sous-Préfectures aura lieu par voie de concours.

Mais on s'explique moins aisément que la loi du Budget du 30 mars 1902 s'occupe de la couleur des affiches électorales (art. 44), des prospectus et des

médailles qui imitent les billets de banque ou les mon-
naies (art. 57-58). C'est sans profit pour l'intérêt général
et au préjudice du Budget qu'on insère dans les lois de
finances des dispositions portant organisation de musées
ou leur accordant la personnalité civile (1), qu'on
accorde de même la personnalité civile à de grandes
écoles (2) ou des médailles à la marine et aux sapeurs-
pompiers (8 avril 1910, art. 84 ; 31 mars 1905, art. 65).

La loi du 31 mars 1907 s'occupe du serment exigé des
fonctionnaires des finances, celle du 31 décembre 1907
de l'ouverture des bureaux de postes (art. 9). La loi de
finances du 30 mars 1902, sans donner aucune indication, prescrit au Gouvernement de régler par décret
l'organisation et le fonctionnement des écoles professionnelles d'Armentières, Nantes, Vierzon et Voiron
(art. 73) et de fixer une mesure dans laquelle les services
militaires entreront en ligne de compte pour l'avancement des fonctionnaires civils de l'Etat (art. 80).

Toutes ces prescriptions ne sont guère à leur place
dans les lois budgétaires. dont elles alourdissent la discussion et retardent le vote définitif.

---

(1) Loi du 30 mars 1902 (art. 72) instituant le musée Gustave
Moreau.

Loi du 31 janvier 1907 (art. 69) accordant la personnalité civile aux
musées du Louvre, de Versailles, de Saint-Germain et de Cluny.

(2) Loi du 31 mars 1903 (art. 71) accordant la personnalité civile
aux écoles françaises d'Athènes et de Rome ; à l'école des Mines de
Saint-Etienne (art. 65), réorganisée par la loi de finances du 31 janvier 1907 (art. 65),

CHAPITRE II

TENTATIVES FAITES POUR RESTREINDRE LA LÉGISLATION PAR VOIE BUDGÉTAIRE

Tous les inconvénients qui résultent de la législation par voie budgétaire ont été exposés longuement, comme nous l'avons vu dans la première partie de cette étude, soit dans la doctrine soit à la tribune même du Parlement. Des tentatives ont été faites à plusieurs reprises, et depuis longtemps, pour mettre un terme à cette méthode de travail ou tout au moins pour en limiter l'usage. On s'est proposé tantôt d'empêcher l'introduction dans la loi de finances de textes étrangers au Budget, tantôt d'écarter de la discussion tout sujet qui n'avait pas trait au Budget lui-même, tantôt enfin d'interdire toute proposition qui aurait pour effet d'augmenter ou de retarder le vote de la loi de finances.

Mais si l'on était d'accord sur le but à atteindre, on n'a pu s'entendre jusqu'ici pour l'adoption d'un remède vraiment efficace. Certains auteurs vont même jusqu'à dire que ce remède n'existe pas, pour le moment du moins, contre un état de choses (1) qui tient beaucoup

(1) Jèze : Op. cit.

plus aux mœurs parlementaires qu'à la législation elle-
même. — Peut-être y aurait-il cependant un remède ?
Ce serait l'adoption d'une loi constitutionnelle qui inter-
dirait expressément de placer dans la loi de finances
une disposition étrangère au Budget. Encore faut-il convenir que cette règle n'empêcherait pas de modifier les
lois existantes par voie de suppression ou de modification de crédits. Le mal ne serait alors atténué que de
façon insignifiante. Nous savons que la Constitution de
1791 interdisait au Corps législatif d'insérer dans les
décrets relatifs au Budget « aucune disposition étran_
gère à leur objet (1) ». Il serait difficile de dire si cette
règle serait observée aujourd'hui et si une autorité
pourrait en assurer le maintien.

On a cherché à restreindre, au moyen des lois ordinaires, le droit d'initiative dont jouissent le pouvoir
exécutif et tous les membres du Parlement.

En 1900, M. Berthelot prononça à la Chambre un véritable réquisitoire fort intéressant contre les abus de la
législation budgétaire, et il proposa, au nom de 282
députés, un article additionnel à la loi de finances ainsi
conçu : « Le Budget prévoit et autorise pour l'exercice
auquel il se rapporte les dépenses publiques dans les
limites résultant des lois antérieures, les recettes destinées à y faire face et les divers moyens de services.
Aucun crédit adhérent soit à des entreprises ou des tra-

(1) Ch. III. Tit. III, sect. 3, art. 8.

vaux, soit à des augmentations de traitements, d'indemnités ou de pensions, soit à des créations de services,
d'emplois, de pensions ou à leur extension en dehors
des limites prévues par les lois en vigueur, ne peut être
inscrit si l'engagement des dépenses dont il résulte n'a
été préalablement autorisé en vertu de lois antérieures.
Il ne peut être ouvert de crédits supplémentaires qu'en
cas d'insuffisance justifiée de crédits ouverts au Budget,
à l'exclusion de toute modification dans la nature et les
conditions d'exécution des services auxquels ils s'appli-
quent (1) ». Vivement combattue par M Klotz, qui
voyait là une atteinte aux prérogatives de la Chambre
en matière budgétaire, et par M. Pelletan, cette proposition fut repoussée, la Chambre refusant de se lier par un
texte législatif. Cette initiative ne fut pourtant pas inutile
puisque la discussion aboutit, comme nous le verrons
bientôt, à une double modification du règlement de la
Chambre qui donnait en partie satisfaction à son
auteur.

Le 16 décembre 1906, sur la proposition de M. Cha-
bert, la Chambre invitait « M. le ministre des finances
à étudier un projet de loi portant que désormais la loi
de finances ne pourra comprendre que des articles
ayant trait à la perception et au rendement des impôts,
à l'exclusion de toute autre question (2) ». Ce vœu tout

(1) Séance du 15 mars 1900. *J. Off.* du 16.
(2) *J. Off.* du 17 décembre. Débats parlementaires. Chambre,
p. 3348.

platonique de la Chambre n'a jamais été transformé en projet.

On s'est demandé si une semblable disposition ne serait pas de nature à heurter en quelque sorte la Constitution elle-même en restreignant le droit d'initiative inscrit dans l'article 3 de la loi du 25 février 1875. Nous ne le croyons pas. Le droit d'initiative reste entier pour le pouvoir exécutif comme pour les membres du Parlement. Les propositions précédentes n'auraient pour résultat que de régler la procédure suivant laquelle ce droit peut s'exercer, mais elles n'auraient pas pour effet d'en limiter la portée : elles ne mettent aucune restriction aux propositions déposées en dehors du Budget ; mais elles seraient insuffisantes pour empêcher les modifications opérées par le jeu des crédits.

Le Parlement a été saisi à plusieurs reprises de propositions tendant à modifier notre régime budgétaire en renonçant d'une manière plus ou moins complète au principe de l'annalité de l'impôt.

Ce principe, nous le savons, n'est pas inscrit dans la Constitution de 1875 ; mais il est passé par la coutume dans notre Droit public et certains auteurs enseignent même que toute atteinte à la règle de l'annalité de l'impôt serait inconstitutionnelle (1). Il est intéressant de remarquer que la Constitution anglaise à laquelle nous avons emprunté cette règle de l'annalité budgétaire l'a

_____

(1) Duguit : op. cit. p. 523 et suiv.

en partie abandonnée. Nous-mêmes, nous possédons dans nos lois une exception remarquable qui aurait pu devenir le point de départ d'une évolution législative qui ne s'est pas continuée : c'est la loi du 13 mars 1875 qui interdit de modifier l'effectif normal de l'armée par voie budgétaire (1).

Nous avons examiné précédemment la légalité de ce texte. Voyons maintenant quelles ont été, à la Chambre des Députés, les propositions ayant pour but de porter atteinte au principe de l'annalité budgétaire

Dès la Révolution, il fut question de diviser, à l'exemple de l'Angleterre, le budget en deux parties, dont l'une serait votée pour un certain nombre d'années ou pour un temps indéterminé et dont l'autre serait chaque année l'objet d'un nouvel examen et d'un vote nouveau Le duc de Mortemart faisait remarquer à l'Assemblée de 1789 qu'on peut distinguer les dépenses journalières de l'Administration et le Budget qui a pour objet l'acquittement de la dette publique : « L'impôt de la première espèce, disait-il, ne peut être suspendu ou renouvelé tous les ans ; il doit durer toujours ». Mirabeau proposait qu'aucun impôt ne fut accordé pour plus d'un an, « à l'exception de ceux qui sont affectés à la liste civile du roi et au paiement successif des intérêts et du capital de la Dette Nationale ».

Sous la Restauration, le comte Cornetto proposa :

(1) V. ci-dessus p. 42.

1° d'affecter un fonds spécial sous le titre de fonds consolidé au service des intérêts de la dette perpétuelle et à l'amortissement successif du capital ; 2° de faire verser directement ces fonds à la Banque de France qui serait désormais chargée d'effectuer ces dépenses » (1).

A une époque beaucoup plus récente, deux propositions ont été déposées à la Chambre, tendant à abréger les débats sur le budget en supprimant toute discussion relative aux chapitres que l'on ne peut moralement supprimer. La première, de M. Boudenoot, était ainsi conçue :

« ART. 1er. — La discussion générale du budget et les discussions générales des budgets de chaque ministère n'auront lieu que tous les deux ans ainsi que la discussion des chapitres dont les crédits ne comportent pas de changement.

ART. 2. — Dans l'année intermédiaire, le projet de loi portant fixation du budget général des recettes et des dépenses devra simplement comprendre : a) en ce qui concerne les dépenses, un état global pour les chapitres non modifiés de chaque ministère et non sujets à discussion, conformément à l'article 1er ; un état détaillé pour les chapitres comportant une modification dans les chiffres des crédits ; b) en ce qui concerne les recettes, une loi de finances contenant les articles qui sont relatifs à l'ouverture de crédits, à l'autorisation de

(1) 14 novembre 1816. *Moniteur* du 15,

percevoir les impôts et les revenus autorisés au moyen de services et dispositions annuelles et qui sont stricte- ment nécessaires en conformité des lois existantes » (1).

Cette disposition, qui n'a pas été acceptée, aurait eu sans doute pour effet de réduire considérablement la discussion budgétaire, au moins tous les deux ans ; mais elle n'empêchait pas complètement les adjonctions par voie d'amendements ou de propositions addition- nelles. Elle serait insuffisante aujourd'hui ; car les questions, interpellations et amendements ne prennent pas place seulement dans les discussions générales, mais souvent aussi dans la discussion relative à tel ou chapitre.

En 1906, M. Breton déposa une proposition tendant à faire voter le budget de l'Etat tous les deux ans (art. 1). L'article 3 décidait : « Une loi rendue avant la fin de la première année de chaque exercice budgétaire autorisera globalement l'ordonnancement des dépenses et la per- ception des impôts de la deuxième année du même exercice ». Enfin, aux termes de l'article 4, des lois spé- ciales, d'initiative gouvernementale ou parlementaire, devaient apporter au cours de l'exercice les modifica- tions reconnues nécessaires après l'avis de la Commis- sion du Budget.

Cette proposition aurait eu des conséquences analo- gues à celle de M. Boudenoot : elle aurait abrégé la

_____

(1) Chambre des Députés. 29 mars 1899.

discussion du budget, mais elle exposait le Parlement à reprendre plusieurs fois la même besogne au cours de l'exercice financier, ce qui pouvait causer une perte de temps ; elle n'empêchait pas les adjonctions intempestives ni les modifications législatives par voie de suppression de crédits On peut même se demander si l'habitude ne se serait pas introduite de compter sur le vote du Budget pour faire aboutir toutes les propositions déposées pendant deux ans. On serait retombé fatalement. et peut-être avec quelque aggravation, dans les difficultés qu'on voulait prévenir.

Ce n'est pas à dire qu'une disposition de loi qui ferait du Budget deux parts : l'une permanente, l'autre soumise à une discussion annuelle, ne serait pas une heureuse innovation. Il en résulterait au moins pour les dépenses et les impôts permanents « une stabilité et une sécurité bien désirables » (1). Les réformes par voie budgétaire seraient sans doute diminuées. mais non pas empêchées. Pour les empêcher, il ne serait pas nécessaire de modifier la Constitution : il suffirait d'assimiler la loi de finances à une loi ordinaire pour laquelle on ne discute pas les articles qu'on ne réforme pas (2) ; il suffirait de réunir dans le même tableau les deux parties du budget, la partie permanente et la partie mobile, pour présenter un ensemble clair et bien ordonné des dépenses et des recettes.

(1) Esmein : op. cit.
(2) Graux. *Revue politique et parlementaire*, 1898.

Enfin on a songé à apporter un remède pratique aux inconvénients de la législation par voie budgétaire en restreignant l'initiative parlementaire des membres de la Chambre. On ne pourrait le faire par voie législative de peur de se heurter à des objections d'ordre constitutionnel. Mais le texte de la Constitution même donne aux assemblées parlementaires le droit de faire leur règlement intérieur, et on s'est efforcé d'introduire dans ce règlement des dispositions qui tendaient à restreindre dans une certaine mesure le droit d'amendement. Nous avons vu que le besoin d'éloquence a souvent pour effet de retarder le vote du budget au-delà des limites les plus larges et de susciter même des amendements ou des propositions, prétextes de nouveaux discours. Le Parlement anglais a trouvé un remède à cet abus en fixant par avance le temps accordé à la discussion de chaque crédit et à l'expiration duquel le crédit sera l'objet d'un vote.

En France, on a essayé d'assigner une limite aux discours des orateurs. En 1789, sur la proposition du député Bouche, on avait installé sur le bureau du Président un sablier de cinq minutes seulement qui marquait le délai accordé à chaque orateur. Mais, comme on ne saurait développer complètement une question importante dans un temps aussi court, l'exagération même de la méthode la fit bientôt rejeter. D'autres tentatives faites plus tard, en 1815, en 1882 et en 1891, ne réussirent pas mieux.

En 1905, MM. Beauquier et P. Baudin déposèrent un projet de résolution tendant à compléter l'article 101 du Règlement de la Chambre par le texte suivant, qui devait porter le numéro 101 *bis* :

« 1° Chaque orateur ne devra occuper la tribune que pendant une demi-heure. Toutefois, dans des circonstances exceptionnelles et à la suite d'une demande de trente députés au moins, cette restriction pourra être suspendue.

2° Il ne pourra être déposé sur le Budget aucune interpellation ni aucune résolution (1) ».

La limitation proposée par MM. Beauquier et Baudin n'avait aucune chance de réussir, parce que la restriction qu'ils y apportaient en ruinait l'économie. Tout orateur trouvera bien trente collègues complaisants qui demanderont en sa faveur la suspension de la règle. Aujourd'hui même les députés pourraient écarter un grand nombre de propositions intempestives sans changer un iota au règlement, en opposant la question préalable : ils n'osent le faire par courtoisie ; ils n'oseraient pas davantage refuser leur signature. Déjà en 1898 M. Boudenoot avait cherché à introduire dans le règlement cette disposition : « Toute motion qui est introduite au cours d'une discussion et qui est étrangère à cette discussion pourra être ajournée par le Pré-

---

(1) Jèze : Revue de science et de législation financière (Chronique financière). — Année 1905.

sident à la fin du débat (1). » Cette motion fut
repoussée par la Commission du règlement pour ménager l'autorité du Président qui n'aurait peut-être pas eu
l'énergie ou l'influence nécessaire pour faire accepter
un renvoi. D'ailleurs, la discussion sur l'amendement
n'aurait pas été évitée ; on aurait discuté plus longuement, peut-être, et avec autant de passion, la connexité
de l'amendement avec l'objet du débat. Remarquons
aussi que les présidents des assemblées législatives ont
une tendance très marquée à imposer de moins en
moins leur autorité et à laisser les membres juges
de questions d'ordre qu'ils pourraient trancher eux-
mêmes.

Nous arrivons enfin aux seuls amendements qui
ont réussi à prendre place dans le règlement de la
Chambre. Au lendemain du rejet de la proposition de
M. Berthelot (séance du 15 mars 1900), on comprit que
la proposition du savant orateur pouvait contenir le
germe d'une réforme utile. MM. Aimond et Rouvier
reprirent la même idée (séance du 16 mars) pour en
faire l'objet non plus d'un texte de loi, mais d'un
amendement au règlement intérieur de la Chambre que
celle-ci pourrait changer à son gré. Après une assez
longue discussion, M. Aimond se rallia à la proposition
de M. Rouvier ainsi conçue : « En ce qui touche la loi
du Budget, aucun amendement ou article additionnel

_____

(1) Chambre des députés. — 21 juin 1898. — J. *Off.* du 22 juin,

tendant à augmenter les dépenses ne peut être déposé après les trois séances qui suivent la distribution du rapport dans lequel figure le chapitre visé. » Ce texte adopté par la Chambre est devenu l'article 51 du Règlement. M. Berthelot fit adopter ensuite le paragraphe suivant qui est devenu l'article 51 *bis* : « Aucune proposition tendant soit à des augmentations de traitements, d'indemnités ou de pensions, soit à des créations de services, d'emplois, de pensions ou à leur extension en dehors des limites prévues par les lois en vigueur ne peut être faite sous forme d'amendement ou de proposition additionnelle au Budget. » Ce texte reproduisait avec les modifications nécessaires la première proposition de son auteur.

Ces deux articles nouveaux du règlement intérieur de la Chambre sont sages. Sont-ils vraiment efficaces ?... Il est permis d'en douter si l'on considère l'état des récents budgets. Les amendements de MM. Rouvier et Berthelot sont déjà vieux de dix ans, et depuis dix ans les propositions d'ordre permanent n'ont cessé de se multiplier au cours de la discussion du budget ; nous savons quelle variété et souvent quel peu d'importance elles révèlent Les budgets n'ont cessé, sauf de rares exceptions d'être votés plusieurs mois après l'ouverture de l'exercice auquel ils se rapportent. Il ne semble pas que les modifications précédentes au règlement aient ralenti d'une manière sensible l'ardeur intempestive des auteurs d'amendements, Et puis ne faut-il pas craindre toujours que la Chambre qui se laisse si facilement influencer par les circonstances et s'abandonne parfois à des actes d'enthousiasme irréfléchi ne soit entraînée à violer son propre règlement dans des moments où il devrait la protéger contre elle-même.

CONCLUSION

Nous avons étudié le caractère juridique et la légitimité de la législation par voie budgétaire. Nous avons
essayé de déterminer l'importance de cette méthode de
travail parlementaire qui tend à se développer tous les
jours, en dépit des propositions qui tendent au contraire
à la restreindre, en dépit des critiques nombreuses dont
elle est l'objet. Peut-on expliquer le succès de cette
procédure par ses qualités exceptionnelles, par ses
résultats heureux ? Nous ne le pensons pas. Sa faveur
tient plutôt, selon nous, à la facilité qu'elle procure aux
membres des assemblées législatives de faire montre de
leur initiative et de leur activité, à l'aide qu'elle apporte
à l'orateur désireux de faire triompher une idée et de
l'incorporer dans un monument législatif qui la perpé-
tuera, qui portera peut-être le nom de son auteur et
consolidera sa réputation. Il y a là évidemment un abus
grave de l'initiative parlementaire, abus favorisé, nous
l'avons vu, par une bienveillance réciproque des membres de la Chambre.

L'esprit de surenchère électorale vient multiplier le nombre des amendements et les articles additionnels que leurs auteurs font voter en toute hâte, par surprise presque, comme s'ils craignaient qu'un examen sérieux les fit échouer. Chaque député se fait l'apôtre d'une certaine catégorie de revendications, d'un groupe d'électeurs dont il apporte à la tribune les aspirations et les plaintes. Les employés des Postes, les instituteurs et bien d'autres fonctionnaires ont leur brillant défenseur ; tel député monopolise en quelque sorte les revendications des mineurs, tel autre celles du personnel des prisons ; tel autre s'occupe spécialement des douaniers, des employés d'octroi, tel autre des marchands de vins, etc. Chaque syndicat est représenté au Parlement par un ou plusieurs « patrons » qui se spécialisent comme les avocats d'un barreau trop nombreux dans un genre d'affaires. Et, comme le concert de tous ces intérêts particuliers n'aurait aucune chance de se faire entendre s'il fallait imposer à toutes ces revendications la procéduse ordinaire des commissions, des rapports, des débats organisés, on est heureux de saisir l'occasion facile du budget et on s'efforce de faire passer quelque texte isolé dont la portée n'est pas facile à préciser, dont les conséquences ne peuvent être mesurées et ne seront aperçues que plus tard .. Mais l'intérêt général tend à disparaître devant les attaques simultanées de ces intérêts particuliers ; le ministre qui a la charge de le défendre reste impuissant. Alors la loi de finances apparaît comme destinée à donner satisfaction au plus grand nombre des intérêts particuliers dont chacun recherche la satisfaction complète et non l'accommodation harmonieuse à l'intérêt général.

Toutefois, pour n'être pas injuste, il ne faut pas condamner d'une manière absolue et sans réserve la procédure des réformes par voie budgétaire. Nous croyons que cette méthode, malgré ses dangers et ses défauts, pourrait rendre d'utiles services. Il suffirait pour cela de la renfermer dans le domaine qui lui est propre, d'en régler avec soin l'application et le mode d'emploi. C'est sans doute pour n'avoir pas su découvrir jusqu'ici les règles auxquelles il serait nécessaire de la plier qu'on en a retiré beaucoup plus d'inconvénients que d'avantages.

Les réformes par voie budgétaire ne peuvent s'appliquer indifféremment à toutes les questions. Parmi les lois purement fiscales, celles qui touchent particulièrement à l'exécution du Budget, au recouvrement des impôts tiennent leur place marquée dans la loi de finances.

La Commission du Budget à la Chambre et celle des finances au Sénat sont éminemment compétentes pour donner leur avis sur les réformes dont l'exécution des budgets précédents a révélé l'opportunité. Un certain nombre de réformes fiscales plus profondes pourraient encore être opérées par voie budgétaire. La Commission

« de la législation fiscale », celle « des économies »
peuvent combiner leurs travaux avec les travaux de la
Commission du Budget et faire aboutir plus promptement par la loi de finances des réformes utiles et
sérieusement étudiées.

Il faudrait user avec beaucoup de discrétion de cette
procédure en ce qui concerne les réformes dont l'intérêt
financier s'efface en quelque sorte devant les autres
caractères. La répercussion que de telles réformes
peuvent avoir sur les finances publiques est le prétexte
dont on abuse trop souvent pour essayer de les introduire dans la loi du Budget sans tenir compte du boule-
versement qu'un texte mal étudié peut apporter dans la
législation tout entière. Le législateur ne devrait accepter la discussion que des réformes de cette nature dont
l'urgence est évidente, qui ont déjà fait l'objet d'un rapport au nom de la commission compétente, et lorsque
la Commission du Budget consent à faire siennes les
conclusions de ce rapport.

Quant aux réformes législatives qui n'ont rien à voir
avec le Budget, elles devraient être impitoyablement
bannies de la loi de finances où leur adjonction peut
présenter de nombreux inconvénients sans offrir aucun
avantage : S'agit-il en effet de réformes sérieuses, profondes et un peu complexes ? Une discussion instituée
selon les règles ordinaires et l'élaboration d'un texte
général ne sont point superflues. S'agit-il d'une réforme

urgente, facile à réaliser, dont l'étude est déjà faite? La Chambre peut l'expédier au début d'une séance, avant de reprendre la discussion en cours, ainsi qu'elle fait pour un grand nombre de lois, ou réserver dans la semaine une séance pour étudier cette réforme. Le texte transmis d'urgence au Sénat peut être voté par la seconde Chambre bien avant que le Budget lui soit parvenu : le travail budgétaire sera ainsi allégé, la réforme sera plus tôt réalisée, la législation y gagnera au point de vue de l'ordre et de la clarté.

Les réformes par suppressions de crédits ne devraient, à notre avis, jamais se produire. Il faudrait maintenir énergiquement le principe qu'une loi ne doit être modifiée que par une loi et non par un empêchement budgétaire à son exécution. Un texte inséré dans la loi de finances produira, dit-on, le même résultat qu'une suppression de crédits. Nous n'en croyons rien. L'adoption d'un texte sera toujours précédée d'une étude et d'un rapport sur lequel s'engagera la discussion. La pensée du législateur en ressortira plus nette et plus claire ; sa volonté ne prêtera à aucune équivoque. L'abrogation d'une disposition législative, au moyen d'un texte formel, présentera au moins la garantie d'une suppression franche et ouverte.

Enfin, nous voudrions que l'initiative des adjonctions par voie budgétaire fût laissée entièrement au ministre responsable qui seul peut juger sainement de leur opportunité. Ce principe aurait pour conséquence heureuse de prévenir les manœuvres politiques qui tendent à fausser les rouages de la Constitution. S'il est indispensable, dans un pays parlementaire, d'armer les représentants de la nation contre le Pouvoir exécutif en leur attribuant le vote du Budget, il peut être dangereux de laisser aux partis politiques l'occasion d'attaquer le Gouvernement par surprise ou de bouleverser, sous prétexte de contrôle et de réformes, l'équilibre de la législation ou des services publics.

Est-il besoin, pour réglementer la législation par voie budgétaire, de modifier la Constitution ou les lois ordinaires ? Une réforme constitutionnelle serait assurément le moyen le plus énergique d'enrayer les tendances actuelles du Parlement. Mais on ne saurait procéder à une réforme de la Constitution de 1875 sur ce seul point. Or, la réforme, même partielle, d'une Constitution est toujours une entreprise bien délicate : Les Chambres ne paraissent pas y songer. Si imparfaites que soient nos lois constitutionnelles, aucun autre régime, dans le cours du dix-neuvième siècle, n'a pu atteindre leur âge : elles ont résisté à bien des crises politiques.

Une loi ordinaire, quelques difficultés qu'offrît sa rédaction, serait aussi un remède efficace Notre législation a déjà résolu de cette manière la question des cadres de l'armée active. Mais la discussion de la proposition de M. Berthelot nous a appris que la Chambre craignait par-dessus tout d'enchaîner sa liberté et de diminuer son pouvoir de contrôle.

Il resterait alors la voie du règlement intérieur de la Chambre. Mais ne peut-on craindre qu'il soit trop facilement violé par une Assemblée peu soucieuse de se soumettre à l'autorité d'une loi ordinaire qu'elle pourrait consentir elle-même ?

La réglementation des réformes par voie budgétaire est, avant tout, une question de mœurs parlementaires qu'il serait peut-être impossible de fixer strictement par un texte précis. Mais on pourrait faciliter une évolution heureuse dans les habitudes de la Chambre en prescrivant par voie de règlement un certain nombre de précautions tendant à prévenir les surprises et les votes inconsidérés ; par exemple en obligeant le Gouvernement ou les Députés à formuler, dans un texte précis qui devrait être l'objet d'un vote, toute suppression de crédit pouvant entraîner l'abrogation d'une loi. On pourrait reporter à la fin de l'étude du budget, ou tout au moins avant l'étude des « voies et moyens » la discussion de toutes les adjonctions à la loi de finances qui en formeraient un chapitre spécial. Enfin on devrait sauvegarder les prérogatives des Commissions compétentes et refuser, comme nous le disions plus haut, d'introduire dans la loi de finances des dispositions législatives qui n'ont pas reçu l'agrément desdites Commissions.

La loi de finances conserverait ainsi son véritable

caractère, la discussion du budget serait allégée de toutes les entraves qui la retardent, les efforts des législateurs cesseraient de se porter sur les objets les plus disparates et gagneraient en vigueur ce qu'ils perdent par leur étendue. La législation y gagnerait elle-même au point de vue de l'ordre, de la clarté et aussi de la stabilité.

LU ET APPROUVÉ :
Le Président,
René JACQUELIN.

VU :
Le Doyen,
P. CAUWÈS.

VU ET PERMIS D'IMPRIMER :
Le Vice-Recteur de l'Académie de Paris,
L. LIARD.

BIBLIOGRAPHIE

ARTUR : La Séparation des pouvoirs et des fonctions (Revue de Droit public, 1900).

BERTHÉLEMY : Traité élémentaire de Droit administratif.

BOUTMY : Etudes de Droit constitutionnel, 1888.

BOUVIER et JÈZE : La véritable notion de la loi et la loi annuelle de finances, 1897.

BRIDON : L'initiative parlementaire en matière de finances.

Bulletin de la Société de législation comparée, passim.

CHONEZ : Des attributions du pouvoir législatif en matière budgétaire, 1901.

DALLOZ : Recueil périodique et critique de jurisprudence, de législation et de doctrine, IVe partie.

DUBOIS : Etude sur le système belge en matière de budget de l'Etat, 1904.

DUGUIT : L'Etat, tome I.

DUPRIEZ : Les ministres dans les principaux pays de l'Europe.

DUVERGIER : Collection des lois et arrêts.

ESMEIN : Eléments de Droit constitutionnel.

GIRAULT : Les petites réformes (Revue politique et parlementaire, 1905-1906).

JACQUELIN : Les principes dominants du Contentieux administratif, 1889.

JÈZE : Traité de la science des finances.

Journal Officiel : Débats parlementaires.

    —   Documents parlementaires. — Annexes du du Sénat et de la Chambre des Députés.

JOUVE ; Le vote du Budget en France et en Angleterre, 1906.

LABAND : Le Droit public de l'Empire allem ind. Traduction française collection Boucard et Jèze).

LAVERGNE : Chronique budgétaire, 1903-1904.

LARCHER : L'initiative parlementaire en France, 1896.

LEBON : La réforme parlementaire en France (Revue politique et parlementaire, 1er novembre 1894).

LECLÈRE : La mesure et la valeur de l'initiative parlementaire en matière budgétaire, 1895.

LEROY-BEAULIEU : Traité de la Science des finances.

MEYER (Otto) : Le Droit administratif allemand (Traduction française).

MICHEL : De l'habitude contractée en France de légiférer par voie budgétaire. Thèse Paris, 1907.

MICHON (Louis) : L'institution parlementaire et la réforme du travail législatif, 1898.

Le Moniteur Universel, 1816.

MOREAU et DELPECH : Les règlements des Assemblées législatives, 2 vol., 1906.

Eugène PIERRE : Traité de Droit politique et parlementaire.

SALEILLES : Le Droit civil et le Droit comparé (Revue internationale de l'Enseignement, 15 janvier 1911).

Léon SAY : Les finances de la France sous la Troisième République.

SIMONNET : Traité de Droit public et administratif.

SIREY : Recueil des lois et arrêts, IVe partie.

STOURM : Le Budget.

STUBBS : Histoire constitutionnelle de l'Angleterre. Edition française (Collection Boucard et Jèze).

TODD : Le Gouvernement parlementaire en Angleterre. Traduction française (Collection Boucard et Jèze).

WAHL : De l'initiative des membres du Parlement en matière de finances, 1902.

TABLE DES MATIÈRES

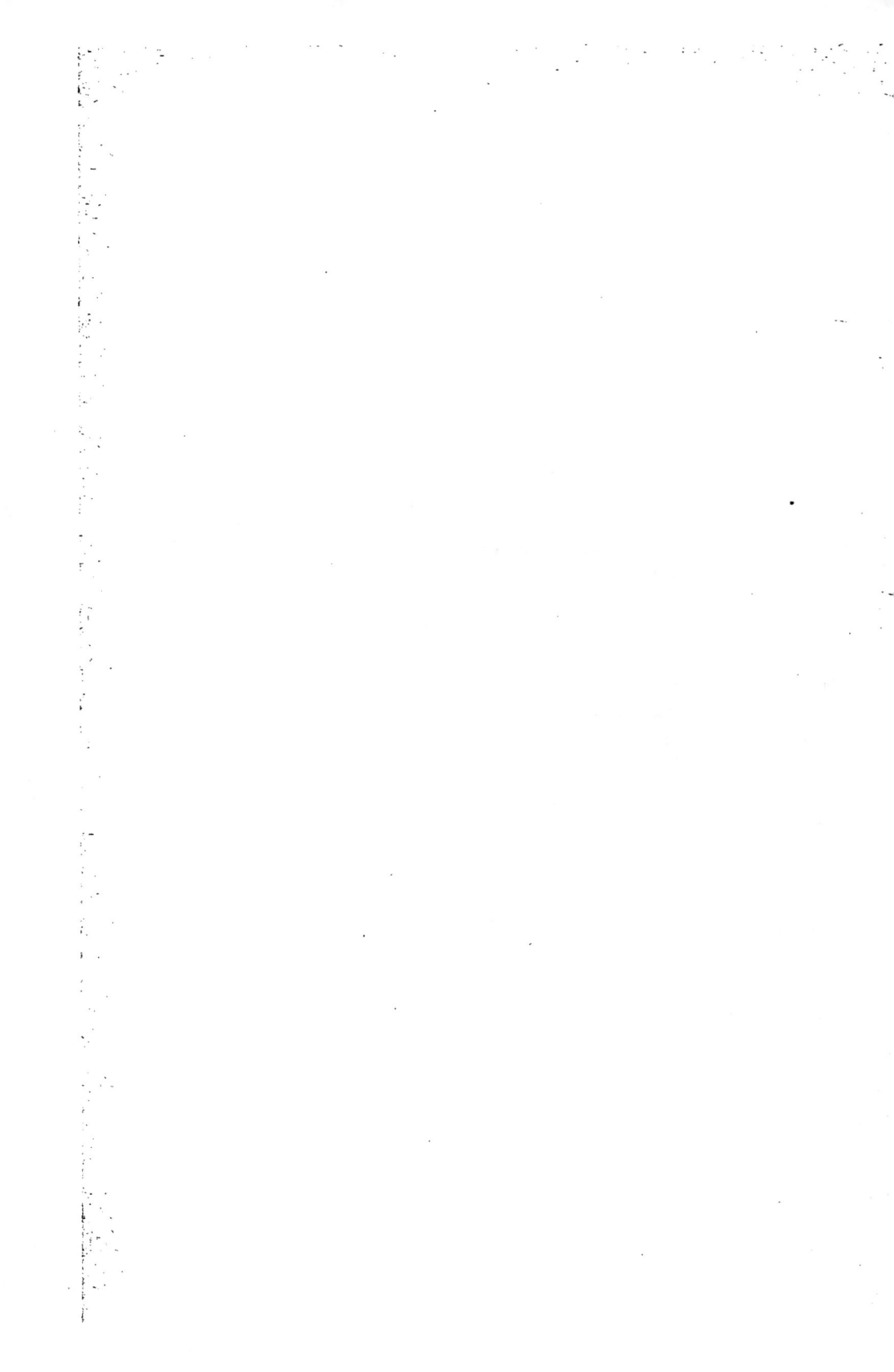

www.ingramcontent.com/pod-product-compliance
Lightning Source LLC
Chambersburg PA
CBHW071847200326
41519CB00016B/4277